산으로

간다

60대에 즐기는
룰루랄라 해외 트레킹

# 산으로
# 간다

임성득 지음

이담북스

# '국민 약골'에서 '날다람쥐'로 변하다.

다른 나라의 산을 오르는 것은 확실히 국내 등산보다 더 어렵다. 어떤 산은 찾아가기까지의 과정이 산을 직접 오르는 것보다 훨씬 더 어려웠다. 물론 이 책에 나오는 모든 산을 혼자 힘으로 오른 것은 아니다. 하와이와 일본에서의 등산은 혼자 해결했고 나머지 등산은 여행사의 도움을 받아서 한 것이다.

나라마다 산의 성격이 달라서 지겨웠던 트레킹은 한 곳도 없었다. 중국의 산은 웅장하고, 일본의 산은 산 중턱에 칼데라호(못)가 있어서 재미있었다. 미국의 지질 트레킹은 아시아와 완전히 다른 사막의 느낌과 거대한 암석의 신기한 모양이 좋았고 베트남 사파 지역은 고산 지대의 서늘함이 좋았다. 남미 여러 나라의 산들은 한 지역에 넘쳐나는 트레킹코스가 있어서 깜짝 놀랐고 눈, 호수, 빙하를 품은 해발 고도가 높은 산들이 많았다.

10년 넘은 등산의 경험으로 이젠 '국민 약골'에서 '날다람쥐'로 별명이 바뀌었지만 지구력은 여전히 조금 부족하다. 아르헨티나 파타고니아 지역에 있는 '세로 토레'를 오를 때에는 '어지럼증'으로 고생했고 '브라이스캐니언'에서는 한 바퀴 굴러서 '셀카봉'이 부러지고 손바닥이 까져서 피가 나기도 했다. 고생과 위험이 있어도 등산에 빠지는 것은 일상에서 벗어나는 '변화'와 산이 주는 황홀한 경관 때문이다.

이제 나이도 60대 중반인데 70이 되기 전에 유럽과 오세아니아(오스트레일리아, 뉴질랜드), 아프리카의 유명한 산들을 걷고 싶다. 경제 사정이 제일 큰 문제인데 '아르바이트'를 해서 여행자금에 보탤 생각이다. 뒤늦게 철이 든다. 내가 잘나서 외국 트레킹을 할 수 있는 게 아니라, 묵묵히 뒷바라지를 해주는 아내(44일간의 남미 여행도 혼자 보내줌)가 있기에 가능했다.

아무쪼록, 등산을 즐기는 분들에게 이 책에 나오는 산들 중 끌리는 곳에 꼭 가보라고 권한다. '그랜드캐니언 트레킹(13시간)'이 제일 힘들었고 나머지는 그다지 어려움을 느끼지 못한 재미있는 등산이었으니, 히말라야나 알프스처럼 유명 산악인들이 하는 등반이라고 생각하지 않았으면 좋겠다.

끝으로 책이 나오기까지 큰 도움을 주신 이담북스 편집부에도 감사의 마음을 전한다.

# 목차

(5부)

# 남아메리카
에콰도르, 칠레, 페루, 아르헨티나, 브라질

## 1부

# 중국

# 모니구(牟尼溝)

성도(聖都, Chengdu)에서 버스를 타고 7시간 정도 걸려서 이곳에 도착했다. 구채구 지역의 또 다른 명품 풍경 지역인데 이곳도 황룡과 구채구와 마찬가지로 세계유산에 등록되어 있다. 사실, 오기 전에는 이런 곳이 있는지도 몰랐다. 해발 3,129m의 고산 지대다. 타이레놀과 팔팔정을 두 시간 전에 먹었는데도 머리가 조금 어질어질하다. 면적 $600\,m^2$에 약 1,000개의 크고 작은 폭포로 이루어진 곳이다. 전체 폭포의 흐르는 모습이 마치 커다란 부채와 같다고(Buddhist Waterfall, 佛熻瀑) '불선폭'이라고 부른다. 가장 높은 상구담(象龜澹), 즉 코끼리 코 호수에서 흘러내리는 물이 만든 불선 폭포는 높이가 93m로 상당했다. 모니구라는 이름에서 인도 느낌이 든다는 생각에 설명을 봤더니, 석가모니가 이곳에 머무른 적이 있다고 해서 이름이 붙여졌다. 모처럼 예상이 맞아서 스스로 어깨를 으쓱해 보았다.

▶ 상구담에서 실타래가 풀린 듯 흘러가는 불선 폭포

▶ 불선 폭포의 맨 위쪽으로 올라와 내려다본 경치

▶ 불선 폭포에서 내려가는 길옆으로 계속해서 작은 폭포들이 나타난다.

▶ 등산로 입구로 올라가는 곳에는 계곡을 빙 감아 폭포를 건너는 나무로 된 길이 있다.

# 황룡(黃龍)

사천성 서북부의 아바장족자치주의 송반현(宋潘県) 중심부에서 서쪽으로 56km 정도 떨어진 곳에 있다. 황룡은 고대 중국에서 신화와 전설에 등장하는 황색 빛의 용이다. 황색은 중앙을 상징하기에 황룡은 중앙을 수호하는 용으로 여겨진다. 위에서 이곳을 내려다보면 푸른 삼림 한가운데 머리를 든 채로 엎드려 있는 누런 용의 모습이 그려진다고 한다. 이런 까닭에 황룡이라는 이름이 붙여졌다.

5,000m가 넘는 산들이 황룡을 에워싸고 있고 길이가 7.5km, 폭이 최대 1.8km에 이르는 거대한 계곡에 다양한 색깔의 물빛을 담은 3,400여 개의 석회암 못이 층을 이루고 있다. 다랑이논의 모습과 비슷한 느낌이다. 세계에서 이런 카르스트 지형으로 유명한 곳이 한 곳 더 있는데 그곳은 튀르키예(터키)의 파묵칼레라는 곳이다. 파묵칼레는 흰색이 층으로 되어 있고 이곳은 누런빛을 보여준다.

▶ 중국 국기가 걸려있는 황룡 매표소

▶ 케이블카에서 바라본 진행 반대 방향의 경치

케이블카를 타는 곳의 고도가 3,046m이고 내리는 곳은 3,510m이다. 6분간의 케이블카를 타고 내려서 다시 작은 전동차(12인승 정도)를 탄다. 케이블카에서 바라보는 건너편의 옥취봉을 비롯한 봉우리들이 웅장함을 자랑한다. 케이블카 입구에서 정상부의 오채지(伍彩池)까지 고도차가 커서(600m) 모니구를 탐방했을 때보다 고산병 증세가 더욱 심하게 나타난다. 빠르게 걸을 수가 없다. 이러다가 구경도 제대로 하지 못하고 돌아서야 하지 않을까 걱정이 되었다. 가는 길에는 고산병 증세를 줄여주기 위해 산소통(空氣) 충전소도 마련되어 있다. 편도 4.3km의 탐방 거리인데, 2km 정도 걸어서 오채지(伍彩池)까지 갔다가 걸어서 케이블카 타는 곳으로 다시 내려오는 과정이다.

조금씩 멈췄다가 걷기를 반복하자 데크 길 앞에 건축물이 보인다. 황룡고사(黃龍古寺)라는 도교 사원이다. 계곡 속에 멋지게 자리 잡고 있고 건물 앞에는 광장처럼 넓은 공간이 있어서 전통 행사를 하기에 딱 알맞을 것 같았다. 시간 제약도 있고 자연 경치가 너무 멋있어서, 도교 사원 안을 구경하는 것은 포기하기로 했다.

▶ 계곡 상류에서 조금 내려온 곳에 흘러내리는 물, 바닥에는 누런 바위가 깔려있다.

▶ 지붕 끝이 창처럼 치솟아 있는 도교 사원 '황룡 고사', 확실히 절과는 다른 분위기다.

▶ '오채지'에서는 한쪽 길로 왕복하지 말고 위, 아래 길 모두 걸으면 좋다. 그러면 높낮이의 다름을 확실하게 느낄 수 있다.

▶ 초록별 지구에는 정말 말로 표현하지 못할 정도의 아름다운 곳이 너무나 많다.

▶ 전형적인 가을 하늘 아래 물의 양을 달리한 수채화처럼 못에 담긴 색깔이 다양하다.

▶ 해발 고도가 높은 곳이라 겨울 모자를 쓰고 고어텍스 재킷을 입고 있다.

오른쪽 조금 높은 곳으로 걸어서 살짝 아래로 내려와 오채지를 보고, 황룡고사 쪽으로 돌아서 내려오는 동선을 선택한다. 오채지는 '황룡의 눈'이라는 별명이 있고 황룡 관광의 절정을 이루는 곳이다. 눈이 있는 곳이니까 황룡의 머리 부분이 된다고 봐도 괜찮다(693개의 작은 못을 가진 곳). 다섯 가지 색깔을 가진 못이라는 뜻이니, 어떤 색들이 있는지 손과 머리로 꼽으며 구경한다. 다랑논처럼 생긴 층들은 노란색(밝은 미색)이고, 층에 담겨 있는 물의 색은 연두색, 연한 파란색(밝은 민트색), 크림색 등인데 빛이 닿는 곳과 가려진 곳에 따라 짙은 정도가 다르게 나타나니 분명 5가지 이상이었다. 실재의 빛깔이나 모양을 말로 표현하기가 무척 어렵다는 것을 실감했다. 다른 말로 또 덧붙이자면 크레용이나 물감보다는 파스텔 색깔의 느낌이 든다. 오채지 위에는 눈 덮인 '설보정' 봉우리가 우뚝 서 있는데 스위스의 마터호른의 느낌을 내고 있다.

▶ 계곡 사이에는 숲이 우거진 곳이 있고 뻥 뚫린 곳도 있어서 다양한 경관을 보여준다.

▶ 작은 못이 너무 많으니까 경쟁한다고 생각하고 '쟁염채지'라고 이름을 지었다.

오채지 아래는 '쟁염채지'이다. 658개의 못들이 경쟁하듯 예쁜 물빛을 뽐낸다. 오랜 세월 석회암의 칼슘 성분이 단단하게 쌓여 이루어진 황금빛 비탈 언덕으로 폭이 40~122m에 길이는 1.3km 정도이다. 오채지에서는 볼 수 없었던 완전히 누런색을 보게 되는데, 황룡의 몸통 부분이 시작되는 곳이고 황룡의 이름이 붙여진 분명한 증거를 이곳에서부터 확인할 수 있다.

▶ 쟁염채지 구간에는 층마다 항아리 모양의 못이 있어 물이 담겼다가 흘러넘치는데 튀르키예의 파묵칼레를 생각나게 한다.

▶ 금사포지 끝자락에 자리한 洗身洞, 신선들이 몸을 씻고 도를 닦았다는 동굴이 있다.

청나라의 어떤 작가는 "천 층의 푸른 물이 황룡으로 흐른다."라고 금사포지(金砂鋪地)를 칭찬했다고 한다. 황룡 계곡의 지표는 석회암의 칼슘 침전물이 쌓여서 누런색 구간을 이룬다. 엄청난 면적과 길이, 다양한 색을 지닌 여울(물이 빠르게 흐르는 냇가)이다. 많은 석회화 구간이 숲속에 숨겨져 있기도 하다. 위에서 내려다보면 푸른 삼림 한가운데(쟁염채지, 금사포지 등) 머리(오채지)를 치켜든 채로 엎드려 있는 누런 용의 모습이 떠오른다.

▶ 공기를 깨끗하게 해준다는 '스패니쉬 모스'가 치렁치렁 나무에 걸쳐서 자라고 있다.

▶ 침엽수에 오랜 세월 두꺼운 이끼가 덮이고 기생 식물이 그 위를 걸쳐서 싱싱한 원시의 모습을 보여준다.

금사포지의 멋진 층들을 보고 걸어 내려갈 때, 큰 나무에 치렁치렁 실처럼 매달린 식물을 보게 되었다. KBS의 해외 명산 트레킹 뉴질랜드 편에서 봤던 식물이다. 나중에 조사해 봤더니 기생 식물 스패니시 모스(Spanish Moss)였는데, 공기를 정화하는 좋은 역할을 한단다. 예상하지 못했던 것을 봐서 고산병 증세를 느끼면서까지 이곳을 탐방한 보람을 느끼게 된다.

▶ 초록색 해캄이 바닥에 자라고 물빛이 투명한 '렴영호'를 돌아서 내려간다.

▶ 금사포지의 누런 낮은 층들을 흘러가던 물은 이제 연한 미색의 바위를 만나 다른 색깔로 모습을 바꾼다.

▶ 폭포 중 가장 높은 '비폭류휘(飛瀑流輝)'은 '염령호'를 채운 후 다시 아래로 흘러간다.

황룡 계곡에서는 대부분 나지막한 폭포가 많았는데 그래도 '연대비폭(蓮坮 飛瀑, 흘러내리는 모양이 연꽃을 닮아서 붙은 이름)'과 '비폭류휘'는 제법 높이 가 있고 커서 멋있었다. 마지막으로 감동적인 곳은 연한 초록색 해캄이 바닥에 자라고 있어 신비한 색깔을 자랑하던 '염령호'였다. 얇은 깊이로 데크 길 옆에 타원형으로 있는 못인데, 단일 못으로는 황룡에서 제일 컸다고 생각한다.

처음 오채지로 올라갈 때가 어려웠으나 내려올 때는 가파른 내리막이 없고 편한 데크로 걷게 되어서 좋았다. 일행 중 어떤 분들은 전동차를 타고 내려가 고도 했는데 그럴 수는 없다고 하고 걸어서 내려와서 참 잘했다고 생각한다. 그 랬더라면 황룡이라는 느낌을 얻지 못했을 것이다.

# 구채구(九寨溝)

말 자체의 유래는 종교적 갈등으로 티베트를 떠나 이곳에 정착하게 된 아홉 개의 장족 마을이다. 중국 최초로 세계문화유산으로 지정되었고 세계 생물권 보전지역으로 등재되어 있다. 중국의 4대 관광지의 한 곳으로 중국인들이 가보고 싶어 하는 곳 1~2위에 든다고 한다.

구채구는 크게 알파벳 Y자 모양으로, 세 개의 큰 계곡으로 이루어져 있는데, Y자의 왼쪽 윗부분을 측사와구(則沙瓦溝), 오른쪽을 일측구(日則溝), 아랫부분을 수정구(樹正溝)라고 부른다. 7시에 출발하여 구채구 입구에 왔는데 탐방객들이 바글바글하다. 운동경기나 콘서트를 보러 온 관객들이 모인 분위기이다. 셔틀버스를 타고 목적지에 내려서 탐방을 하고 다시 갈아타는 과정이라고 한다.

40~50분간 버스를 타고 처음으로 도착한 곳은 측사와구의 장해(長海)다. 아마 내륙에 있는 사람들이 크다고 해서 호수를 바다로 이름 지은 모양이다. 해발 3,100m, 면적이 700㎡, 수심이 40m로 구채구에서 가장 높은 곳에 있는 가장 큰 호수다. 우뚝 솟은 산봉우리와 설산이 장해를 둘러싸고 호수에 그림자를 드리우고 있다.

▶ 구채구 매표소는 유명 테마파크의 입구보다 더 웅장하고 화려하다.

▶ 호수인데 크다고 바다의 뜻이 들어간 '장해'라고 이름 지었다.

빙벽이 녹아 고인 물인데, 땅속으로 잘 스며들지 않고 증발도 그다지 일어나지 않아서 늘 비슷한 수량을 보인다. 그래서 '새지 않는 조롱박'이라고 말하곤 한단다. 데크 길로 호수 옆을 걸었다. 길 가운데쯤 갔을 때, 70m 정도의 큰 나무가 호수 바닥에 가라앉은 것을 발견했다. 날씨가 흐리고 가랑비가 오는데도 물이 투명한지 나무가 분명하게 보였다. 물빛은 대체로 큰 변화 없이 짙은 푸른 색이다.

　장해를 보고 조금 더 아래로 내려가서 오채지(伍彩池)를 본다. 황룡의 하이라이트 장소가 오채지였는데 같은 이름이다. 구채구의 오채지(해발 2,295m)가 규모는 황룡에 있는 것보다 작았지만 물빛만큼은 뒤지지 않는 느낌이다. 장해보다 훨씬 더 투명하여(깊이가 얕은 점도 있겠지만) 못 속에 있는 돌멩이까지도 확실하게 볼 수 있다. 장해가 웅장하다면 오채지는 섬세하고 아기자기한 아름다움이 멋지다.

▶ 숲속을 통과하고 절벽 아래로 떨어지는 구채구에서 가장 큰 낙일랑폭포

▶ 물이 떨어지는 모습을 하늘의 은하수가 쏟아져 내려오는 것으로 비유한 낙일랑폭포

일측구의 낙일랑폭포(落日浪瀑布)에 왔다. 구채구의 배꼽에 해당하는 위치다. 티베트 말로 '크고 웅장하다'는 뜻을 가진 이 폭포는 구채구에서 가장 큰 폭포(높이 25m, 폭 320m)다. 해발 2,365m에 위치하는데 절벽 끝부분에 나무들이 빼곡하게 있고 그 숲을 뚫고 물이 아래로 떨어진다. 한국에서 볼 수 없는 '삼림폭포'였다. 물이 떨어지는 모습이 하늘의 은하수가 쏟아져 내려오는 듯하다.

▶ '구채구의 영혼'이라고 불리는 오화해, 다섯 개의 꽃처럼 아름답다는 뜻을 이름에 담았다.

▶ 두 산의 그림자가 호수면에 드리워져 물빛이 삼각형으로 갈라져 나타난다.

구채구의 영혼이라 불리는 일측구의 오화해(伍花海)에 이른다. 측사와구에서 수정구 갈림길로 내려와서 다시 일측구로 올라가야(Y자 협곡이어서) 한다. 2,472m에 위치하는데 백두산 높이와 비슷하다고 해서 놀랐다(아주 편하게 왔는데 백두산 높이라니!). 초록빛을 띠는 물빛도 멋지나 주변의 산들이 수면에 담기고 두 산 사이의 하늘이 호수에 담기니, 삼각형 모양으로 물빛이 갈라져 나타나는 것이 신기하다.

▶ 계곡 폭포 중 최고 스타 진주탄폭포의 상류 지점은 낙일랑폭포와 다르게 모두 열려 있다.

일측구의 스타 진주탄폭포(珍珠彈瀑布, 해발 2,445m, 높이 21m, 너비 162m)에 도착한다. 계곡의 물은 황룡의 몸통처럼 누런색의 넓은 바닥을 타고 흐른다. 이런 물들이 갑자기 낮은 곳으로 떨어지는데 이때 진주알 모양의 물방울(기포)이 생긴다. 이렇게 만들어지는 비경이 진주탄폭포다. 낙일랑폭포에도 폭포 아래쪽에 나무들이 자라고 있었지만, 이곳에는 키가 훨씬 더 큰 침엽수들이 듬성듬성 자라고 있다.

▶ 진주탄폭포 아래에는 큰 침엽수들이 자라고 있다.

▶ 실타래 모양이 아니라 물방울들이 진주 모양으로 떨어진다.

일측구 탐방을 끝내고 수정구로 내려간다. 두 계곡의 물이 만나 내려오는 지역이라 구채구 전체 호수의 40%가 이곳에 있고 작은 폭포들을 엄청나게 많이 만들고 있다.

▶ 단풍이 든 산이 호수면에 비치면 호랑이의 줄무늬와 비슷해진다는 '노호해'

▶ 계곡 전체로는 '진주탄폭포'가 일측구에서는 '수정폭포'가 최고다.

▶ 수정같이 맑다는 뜻이 아니라 숲(나무)의 가운데에 있는 폭포라는 뜻이다.

노호해(老虎海)는 단풍이 든 산이 호수에 비치면 호랑이 줄무늬 모습과 흡사해진다고 붙여진 이름이다. 일측구 수많은 폭포 중에서 수정폭포(樹正瀑布)가 가장 유명하다. 물이 아니라 나무의 글자를 넣어 이름을 만들었는데 아마도 숲 한가운데 있는 폭포라는 뜻이리라. 높이 15m, 폭 62m로 다른 폭포에 비해 규모가 작지만 길 바로 옆에 붙어 있어 친근감이 느껴지고 물들이 부딪쳐서 만들어내는 밝은 파란색(연한 민트색, 자세히 보아야 찾을 수 있음)이 놀랍다.

20~30개의 크고 작은 호수들이 얕은 계단식 모양으로 이어져 내려오는 모양의 수정군해(樹正群海)는 환상적이었다. 층과 층 사이는 높이라고 부르기 곤란하지만, 최종 낙차는 100m에 이른다. 수정군해를 따라 내려오면 장족 가옥, 수정마방(樹正磨房)이 보인다. 전통술(青稞酒)과 차를 팔고 있었다.

화화해(火花海)는 햇빛이 못 수면에 비칠 때 작은 물결들이 불꽃이 흔들리는 모습과 비슷하다고 지어진 이름이다. 'Sparkling Lake'라 적혀 있어서 맘대로 예상해 봤다. 맑은 날씨였다면 황룡처럼 구채구도 최고였을 텐데.

▶ '수정군해'를 따라오다가 만나게 되는 장족 가옥, '수정마방'

▶ 여러 개의 작은 호수들이 작은 층을 이루고 있어 단풍과 함께 최고의 경치를 보여준다.

▶ 햇빛이 비친 수면이 흔들리는 불꽃처럼 보인다고 '화화해, 불꽃 바다'라는 이름을 받았다.

# 태항산(太行山, Tiahang shan)

태항산은 현지에 가보니 사실 한 개의 산봉우리가 아니라 산맥이었다. 그
것도 우리나라의 최대 산맥인 태백산맥 정도였다. 이 거대한 산맥을 기준으로
지역이 산동성(山東省)과 산서성(山西省)으로 나누어지니까 말이다. 북으로
는 하북성(河北省) 남으로는 하남성(河南省)에 걸쳐 있는 이 산맥은 남북으로
600km, 동서로는 250km에 달한다. 너무나 크고 넓어서 '중국의 그랜드캐니
언'이라 불린다. 세 개의 도를 아우르는 우리나라의 지리산을 떠올리면 금세 이
해가 될 것 같다. 행 자(行字)는 '가다'라는 뜻일 때에는 '행'으로, 줄이나 순서

를 나타낼 때는 '항'으로 읽힌다. 글자 그대로 풀어보자면 '커다란 봉우리들이 줄지어 있는 산'이 되겠다.

크고 웅장하니 명소가 헤아리기 힘들 정도로 많은 것은 당연한데 그중에서도 태항대협곡, 암려산의 3대 미봉, 팔천협, 천계산 등 5개 코스가 유명하다. 따라서 아래에 언급할 여러 산과 협곡은 모두 태항산맥에 속하는 것들이라고 생각하면 이해하기가 편할 것이다.

이 산에서 유래한 '우공이산(愚公移山, 어리석은 자가 산을 옮긴다)'이란 '4자성어(四字成語)'가 있는데 이 말은 '어리석은 일처럼 보이지만(무모해 보이나) 노력과 시간이 쌓이면 결국 이루어진다.'라는 숨은 뜻이 담겨 있다. 90세가 된 노인 우공이 태항산에 가로막혀 돌아다녀야 하는 불편을 없애려고 산을 옮기기로 마음먹었다. 태항산의 흙을 실어 발해까지 나르는 데 한 번에 1년이 걸렸다. 우공은 자자손손 대를 이어 하다 보면 언젠가는 태항산을 옮길 수 있다고 믿었고 이를 본 옥황상제가 감동하여 산을 옮겨주었다는 전설이다. 이 말은 실언이 아니라 오랜 세월의 노력으로 현실로 나타난 사건이 되었다. 실제로 태항산을 옮긴 것은 아니지만 산을 뚫어서 바깥세상으로 통할 수 있도록 한 놀라운 일이 벌어진 것이다.

## 팔리구 협곡

팔리구(八里溝)는 하남성 남태항산에 위치한 협곡으로 팔리구 입구에서 동서남북 방향으로 8리(4km)에 달하여 붙여진 이름이다. 숙소에서 버스를 타고 팔리구 시청을 거쳐 매표소 입구에 내렸다. 화려한 용이 꿈틀대는 조형물이 대단하다. 중국은 관광지에 등급을 매긴다. 1A부터 5A까지가 있는데 A가 많을수록 빼어나다. 팔리구는 A가 네 개가 붙은 4A(AAAA)급 풍경이다. 팔리구는 태산의 웅장함, 화산의 험난함, 황산의 청아함을 모두 가지고 있으며 '태항의 혼'이라는 별명이 있을 정도로 유명하다.

▶ 입구에는 하늘로 승천하는 용, 둥근 달의 멋진 조형물이 있고 뒤로는 남태항산이 있다.

좁고 굴곡이 심한 태항산에 특화된 이동 수단인 전동차(속칭으로는 빵차이다)는 바람이 들어오도록 창이 없고 트여 있다. 좁은 길로 달리니까 경적(Klaxon, 클랙슨)을 자주 누르는데 그 소리를 따와서 우리나라 사람들이 '빵차'로 부르는 것 같다. 매표소 광장에서 전동차를 타고 10분 정도 가다가 내려서 계곡을 따라 걷는다. 가는 길에 왼쪽을 보니 산 절벽에 지그재그 형태의 철계단이 붙어 있다. 중국인들의 절벽에 길을 내는 기술은 실로 대단하다고 혀를 내두르지 않을 수 없다. 숲이 그늘을 만들어 주는 녹색 터널을 기분 좋게 걷는다.

▶ 폭포 아래에 짙은 녹색의 못이 있고 절벽의 중간에는 지그재그 모양의 아찔한 계단이 있다.

드디어 태항산 최고의 폭포인 천하폭포(天下瀑布)가 모습을 드러낸다. 높이 180m, 폭은 100m인 거대한 폭포이지만 비가 내리지 않아서 수량은 많지 않다. 마치 남태항산에 큰 구멍을 낸 듯 둥글게 펼쳐진 절벽에 높은 폭포가 있는 경치는 실제로 보면서도 실제인가? 하는 의심이 들었다. 폭포로 돌아가는 입구에는 폭포를 지키는 듯한 예쁜 동물 조형물이 있는데 그것도 신기했다. 벽면이 둥글게 파여 있어 폭포 뒤쪽으로도 걸을 수 있다. 하지만 바람이 살짝 불어 물방울이 날아왔다. 커튼이나 발(葭簾, 가렴)의 역할을 하는 폭포를 앞에 두고 보는 경치는 색다른 느낌을 주었다.

▶ 천하 폭포 뒤를 통과해서 걷는 재미가 있다.

▶ 손오공이 수련했다는 수렴동

▶ 폭포 앞에 하트를 쥐고 있는 곰돌이

폭포는 3단계로 나눌 수 있는데(폭포와 상단부, 중간부, 하단부), 맨 아래에는 종유석 동굴이 있다. 이 천연석회동굴은 발견된 지 그렇게 오래되지 않았다(2002년에 발견됨). 동굴의 길이는 250m이고 여러 모양의 종유석(석순, 석주, 석화, 석폭포 등)을 볼 수 있는데 어떤 것들은 사람이 만든 느낌마저 들었다. 손오공이 이곳에 살면서 수련했다고 한다. "픽!" 웃음이 나온 것은 동굴 안에 있는 표지판을 보고서였다. "종유석은 생명이 있는 것이니 함부로 다루지 말라.(Stalagmites have a life. Please take care of it.)"는 뜻인데, "석순, 생명이 있으세요. 사랑을 하고 있었다."로 되어 있었다.

▶ 손오공이 수련했다는 '수렴동' 입구가 보이고 그 뒤로 '천하폭포'가 보인다.

폭포를 시계 반대 방향으로 돌면 이 수렴동과 옆으로 갈라지는 길이 나오는데, 계곡 옆으로 난 길을 계속 걸으면 직벽 엘리베이터(높이 160m)가 나온다. 우리는 시간 부족으로 갈 수 없었다. 내려올 때는 지그재그로 난 철계단으로 내려오는데 스릴도 있고 재미도 있다고 한다. 천하폭포 위에도 도교 사원과 마을이 있다는 것이다. '일정이 조금 긴 여행 상품이 있었으면 얼마나 좋을까?' 하고 아쉬움을 내뱉었다.

## 천계산

이제는 '천계산(天界山)'으로 향한다. 산문(山門, 산의 어귀)을 통과하니 고산 도로 미니버스 정류장이 나왔다. 전동차를 타고 가는데 도로변에 터널 공사에 참여한 인부들 동상도 있고 터널 벽면에는 도로를 뚫는 인부들 모습의 사진이 걸려 있다. 천계산 괘벽공로(掛壁公路, 절벽에 걸려 있는 차와 사람들이 이용하는 길)를 통과하는 모습인데, 우공이산의 실제가 나타나는 곳이다. 바깥세상과 소통하고 가난에서 벗어나기 위해 촌장 장영쇠가 사비를 들여 촌민들과 함께 3년간 9km의 절벽을 깎아 만든 도로라고 한다. 태항산에는 이런 괘벽공로가 7개나 된다.

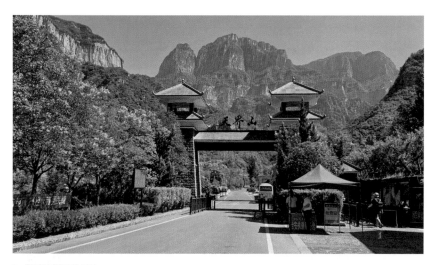

▶ 천계산 입구의 산문

▶ 수직 절벽에 난 구멍이 있는 천계산 괘벽공로

노야정 주차장(운향원 휴게소)에서 십자령 광장을 거쳐 청봉관으로 걷는다. 광장에는 천계산 표지석이 있다. 청봉관은 케이블카와 전동차를 타는 곳이다. 성곽처럼 생긴 청봉관 입구에는 '회룡, 태행홍암대협곡'이라는 글자가 붙어 있다.

▶ 천계산을 둘러보는 전동차와 노야정으로 오르는 케이블카 정류장 역할을 하는 청봉관

천계산은 '하늘과의 경계를 이루는 산'이란 뜻인데 1,570m의 정상 봉우리를 노야정이라고 부른다. 천계산은 '북방의 계림'으로 불리고 가는 곳마다 절경이어서 '백리화랑'이라는 별칭도 가지고 있다. 천계산 허리를 한 바퀴 빙 돌아가는 길(둘레길)이 있는데 '운봉화랑(雲峯畵廊)'이라는 이름을 가지고 있다. 길(옥의 띠처럼 생각함)이 구름과 청산 사이에 있는 붉은 바위 절벽을 둘러싼 듯하고 운해에 덮인 모습이 그림처럼 아름답다고 이렇게 멋진 이름을 만든 것이다.

우리는 먼저 전동차를 타고 운봉화랑을 시계 방향으로 돌기로 했다. 산허리에는 여러 전망대가 있고 도로 옆으로 난 절벽 길과 잔도를 따라 걸어서 돌아볼 수도 있다. '아! 더워도 좋다, 저 길을 한 바퀴 내 마음대로 걸어봤으면 얼마나 좋을까?' 욕심이 마구 끓어올랐다.

▶ 관광 홍보용 팸플릿에 많이 실린 귀진대 아래의 사신애, 담력을 시험해 보라는 시담대 전망대

'사신애(舍身崖, 노자가 뛰어내렸다는 벼랑)'라고도 불리는 최고의 전망대 귀진대(歸眞臺, 노자가 진실로 신이 되었다고 하는 곳)와 쌍불와태항(双佛臥太行, 두 부처가 누워 있는 모양을 한 태항산맥)을 볼 수 있는 시담대(試膽臺, 담

력을 시험해 보라는 뜻을 가진 철제 전망대)도 통과한다. 자유 여행이 아니라서 참아야 한다고 생각은 하는데 심장은 쿵쾅거려서 정신이 혼미했다.

▶ 희룡대에서 여화대까지의 잔도 길 일부 구간에 있는 아찔한 유리잔도

드디어 전동차가 멈췄다. 희룡대(戱龍臺, 용이 여의주를 물고 놀았다는 곳)라는 전망대이다. 이곳에서 현공잔도(縣空棧道)와 유리잔도(琉璃棧道)를 걸어간다. '잔도(棧道)'란 험한 벼랑에 선반처럼 달아낸 길을 말한다. 가슴이 찌릿찌릿해서 되도록 벽에 붙어 걷는다. 하지만 유리잔도에 와서는 더 심해져서 되도록 아래를 바라보지 않았다. 유리잔도 구간에는 덧버선을 신어야 한다. 장가계와 황산을 다녀왔지만 이렇게 가슴이 쫄깃해지는 공포감은 느껴보지 못했다. 차츰 시간이 지나자 사진을 찍을 여유도 생겼다. 유리잔도가 끝나는 지점에 여화대(如畵臺, 그림처럼 아름다운 전망대)가 있었다.

▶ 상당한 높이의 절벽에 잔도가 걸려 있는 것을 알게 해주는 경치

▶ 괘벽공로로 이어져 천계산으로 올라오는 길과 협곡 사이로 흐르는 강과 마을이 보인다.

▶ 유리 잔도가 끝나고 만나게 되는 전망대 여화대

    십자령 광장에 있는 한국 식당에서 점심으로 비빔밥을 먹었다. 절벽 위에 있
는 한국 식당이라니! 우리나라 사람들이 참 많이 오는 곳이라는 걸 증명하는 식
당이다. 식사 후에는 다시 청봉관으로 가서 케이블카를 탄다. 2인승인데 케이
블카가 돌아오는 속도에 맞추어 올라타는 민첩함이 필요하다. 작아서 바람이
제법 세게 불면 운행하지 않는다.

▶ 두 개의 바위가 나란히 서 있는 정려석, 왼쪽에 노야정으로 오르는 계단이 있다.

내린 곳은 상부 주차장인 납촉봉이다. 조금 걸어가니 두 개의 큰 바위가 나란히 서 있는데 왼쪽 조금 더 큰 바위에 정려석(情侶石, 정답게 나란히 서 있는 바위)이라고 쓰인 붉은 글씨가 눈에 들어왔다. 이 정려석 왼쪽으로 난 가파른 계단을 올라간다. 낮고 좁은 문, 삼천문(三千門)을 통과하는데 문 안쪽에 귀인저두(貴人低頭, 귀인은 머리를 숙인다는 뜻이나 여기서는 머리를 조심하라는 뜻으로 씀)라는 글자가 있어서 작은 재미를 느꼈다. 문을 지난 곳에 있는 구관대(九觀臺)에는 짧게 이어진 잔도가 있다. 그다음으로 기도하는 작은 건물인 관음동과 영관전이 나왔다. 영관전은 도교의 천왕문(사천왕이 있음)이다. 도교 사원에서 호법 장군 역할을 하는 것이다.

▶ 가운데 삼천문, 짧은 잔도가 있는 곳은 구관대, 그 앞에 있는 봉우리는 장군봉

▶ 해발 1,314m에 설치된 포토존, 산 왼쪽으로 옥황전이 조금 보이고 앞에 있는 봉우리가 노야정이다. 노란 색으로 된 길은 구관대에 붙어 있는 짧은 잔도인데, 걸어보면 재미도 있고 서서 사진을 찍기에도 좋은 곳 이다.

▶ 마지막 계단을 오르며 왼쪽을 바라다본 경치, 높은 산 아래 강이 흐르는 모습

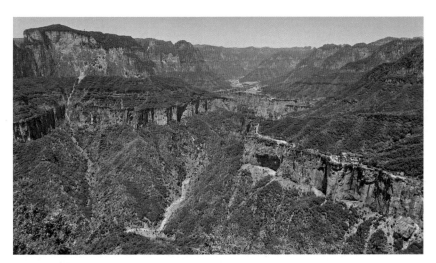

▶ 십자령 아래 절벽 위에 휴게소의 건물들이 보이고 가운데에 구련산이 보인다.

▶ 가운데 길은 '운봉화랑'이 아닌 다른 길

▶ 마지막 계단 앞에 있는 노야정 표지석, 聖公聖母殿과 그 위에 있는 노자를 모신 현무묘

영관전 앞에서 마지막 계단을 올라서면 먼저 '노야정, 해발 1,570m'라고 쓰인 마루돌이 보이는데 오른쪽 계단 아래에는 비림(碑林, 비석이 모여 있는 곳)과 현무묘 안내문도 있었다. 노야정에 오르는 계단이 무려 888개라고 하는데, 정확한 숫자는 아닌 듯하고 아마도 중국인들이 팔자(八字, 풍요로움을 의미함)를 좋아해서 몇 개를 더한 것 같다. 현무묘 정문에는 '현천상제'라는 현판이 걸려 있는데 '노야, 노군, 태산노군 등'과 함께 노자를 존경해서 부르는 말 중 하나이다. 하늘로 올라간 노자는 과연 어떤 역할을 맡고 있는가? 천계에서 노자는 북극성으로 변하여 요괴 퇴치를 하는 신이 되었다.

▶ 노야정 광장에서 내려다본 옥황전 건물인데 저 아래에도 볼거리가 상당하다.

정상 현무묘(玄武廟)에 왔다. 노자를 최고의 신으로 모시는 사당이며 '노야(老爺)'는 노자를 존경해서 부르는 여러 이름 중 하나이다. 현무묘에서 내려서면 붉은 깃발과 녹슨 종이 걸려 있는 시설물이 있고 그 바로 앞에 작은 광장이 있다. 광장 가운데에 붉은 기와지붕의 누각 정자가 있다. 정자 1층에는 북이 걸려 있다. 노야정에 있는 철 가마(500kg의 무게)와 현무묘 지붕을 덮은 철 기와, 조사(祖師)의 철상(鐵像)을 이렇게 높은 산마루로 어떻게 옮겼는지 상상이 되지 않는다.

중국 고대 전설상의 제왕인 복희(伏羲)를 모신 복희전 향로에는 인장시조(人丈始祖)라는 글씨가 있다. 광장 안쪽에는 성공성모전(聖公聖母殿)이 있고 광장 아래로는 옥황상제를 모신다는 옥황전(玉皇殿)을 비롯한 여러 멋진 건물들이 보였다. 고대와 현대의 어울림이라고 할까? 광장에는 천사의 날개 모형을 세워서 사진을 찍을 수 있도록 배려해 놓았다.

노야정은 기복문도(祈福聞道, 복을 빌고 도를 듣는 곳)의 장소이고 천하제일의 철옹성(天下鐵頂)이어서 국보로 지정된 곳이다. 높은 산 위에 이런 시설물이 있어서 새로운 감동을 주었다.

## 왕망령

십자령 광장에서 셔틀버스를 타고 왕망령(王莽岭)으로 향한다. 절벽 난간에 나지막한 작은 집들이 죽 늘어서 있는데 예전에는 호텔로 이용되었다고 한다. 하남성과 산서성의 경계 지점에서 버스를 갈아타야 하기에 모두 하차했다. 이 곳은 '천계산 북문'인데 정류장 한쪽에 '석애구(錫崖溝)'라는 글자가 있는 길쭉한 바위가 있다. 석애구는 천계산과 왕망령이 이어지는 곳인데 깎아지른 붉은 절벽과 산들로 싸여 있고 맑은 물이 흐르는 계곡이 있다.

▶ 천계산 북문 옆에 있는 석애구 표지석, 표지석 아래의 협곡인 적염협 표지판

▶ 여행 일정표에 없었던 '적염협', 붉은 절벽의 위아래에 모두 마을이 있고, 그 위에 또 봉우리들이 있어서 너무 멋있었다. 생각지도 못한 보너스를 받았다.

▶ 고산 지대에 있는 거대한 전망대 일월대, 왕망령의 가장자리를 걸으며 내려다본 경치

전동차는 10km 정도를 더 달려 왕망령 주차장에 도착했다. 왕망령은 1,664m(남태항산에서 가장 높은 곳)에서 800m까지의 높고 낮은 50여 개의 봉우리들로 구성되어 있다. 태항산의 일출과 운해를 조망하기 가장 좋은 곳이다. 중국 작가 '리예'는 이곳에 올라, "왕망령에 오르지 않고 어찌 태항을 안다고 하리. 천하의 기봉(奇峰, 왕망령)을 취하고서야 감히 오악(伍岳)을 올랐다 하리." 라고 왕망령을 칭송했다.

왕망령(王莽岭, 왕이 적을 몰아낸 산)은 전한을 멸망시키고 '신'을 세운 왕망 (王莽)이 유수(광무제, 후일 후한을 건설함)가 태항산으로 도망가자, 이곳에서 80만 대군을 이끌고 진을 쳤다. 그래서 이런 이름으로 부른다. 왕망은 결국 유수에게 패하고 재위 15년 만에 막을 내린다. 또한 이곳 사람들은 왕망을 바둑의 창시자라고 알고 있는데 이것은 아무래도 잘못된 것 같다. 왕망이 이곳에서 바둑을 두며 소일하기도 했다고 생각해야 할 것이다. 왕망보다 훨씬 선조인 공자도 바둑을 언급하였고 공자 이전인 춘추전국시대에도 바둑 이야기가 나온다고 하니 말이다.

▶ 왕망령 방지애에서 거행된 조훈현과 진조덕의 대국 장면을 표현한 조형물

▶ 골짜기에 설치된 거대한 스카이워크

거대한 우주선 모양의 현대식 건물이 눈을 번쩍 뜨이게 한다. 대륙의 기질을 확실하게 보여주는 건물이다. '일월대(日月臺)'라는 전망대인데 아래층에는 휴식 공간도 있고 숙소로 이용되고 있었다. 뾰족한 정상이 아니라 굉장히 넓은 광장 같은 곳(구릉성 산지)이어서 명소가 너무나도 많다. 각종 전망대(관일대, 산화대, 방지애 등), 스카이워크, 카페, 사진 전시장, 기념관, 케이블카 정류장 등이 도시 안에 들어와 있는 느낌을 준다. 시멘트가 깔린 깨끗한 광장에는 바둑을 두는 조형물이 있다. 이곳 왕망령의 방지애(方知崖)란 곳에서 2004년 조훈현과 진조덕이 바둑 대국을 한 것을 기념하여 만든 시설물이었다.

▶ 왕망령에서 만선산으로 가는 입구의 마을까지 연결하는 고마운 케이블카

## 만선산

카페에서 아이스아메리카노를 한잔 마시고 케이블카를 탔다. 1.8km, 약 30분간 공중에서 경치를 구경했다. 사방으로 보이는 파노라마는 입꼬리를 올라가게 했다. 케이블카가 없다면 상당한 시간이 걸릴 것이고 접근도 어려웠을 것이다. 우리나라 환경단체에서 케이블카 설치를 무조건 반대할 것이 아니고 무분별한 개발(깊은 고민이 없는 개발)을 반대했으면 좋겠다. 분명히 이곳처럼 케이블카가 필요한 곳이 있다. 특별히 눈에 띈 것은 절벽을 파서 낸 괘벽공로였다. 검게 듬성듬성 보이는 돌 창문이 가슴을 뛰게 했다. 조금 후에 우리는 저 길을 통과하여 만선산으로 갈 것이다.

만선산으로 들어가는 곤산괘벽공로(昆山掛壁公路)는 전체가 터널(동굴)을 통과하는 것은 아니다. 산허리에 난 길과 동굴 길을 계속 들어갔다가 나오면서 '빵차(7인승 승합차)'는 달린다. 우리나라 사람들은 이 길을 '비나리길'이라고 부르는데 비나리여행사에서 처음 소개했다고 재미있게 부른다. 전체 길이는 3.5km이고 그중 동굴 구간은 1,250m이다. 이 괘벽공로는 곤산촌 사람들이 산 아랫마을과 쉽게 왕래하기 위해 약 30년, 3대에 걸쳐 오로지 원시적인 도구(망치, 곡괭이 등)를 사용하여 암벽을 뚫고 만든 터널 도로인데 1970년대에 시작하여 1992년에 완공했다고 하니 그 노력에 감탄할 수밖에 없다. 태항산 대협곡에는 7개의 괘벽공로가 있는데 이곳 괘벽공로가 가장 먼저 만들어졌고 가장 길면서 주변 경치가 제일 좋다.

공로가 끝이 나면 다시 절벽장랑(絕壁長廊)이 시작되는데 이 길은 곽량촌(郭亮村) 사람들이 5년에 걸쳐 만든 길이다. 형태와 건설 과정으로는 '괘벽공로'라고 말할 수 있지만, 곤산촌이 아닌 곽량촌 주민들이 만들었고 길이도 달라서 다르게 표현하고 있다. 13명이 1972년에 시작하여 1977년에 완성한, 세계 8대 기적으로 불리는 1,250m의 동굴 도로는 환상적이었다. 위쪽의 괘벽공로보다는 폭이 조금 더 넓어서 차도 다니고 사람도 다니며, 맞은편에서 차가 오더라도 피해서 갈 수 있었다.

돌 창문은 액자가 되고 건너편 절벽과 아래의 계곡이 어우러진 풍경은 그야말로 압권이었다. 룰루랄라 휘파람을 불면서 사진을 찍으면서 느긋하게 남평마을 버스 정류장으로 내려왔다.

▶ 전동차가 처음으로 주차한 곳에서 되돌아본 괘벽공로의 구멍이 보이는 경치

▶ 이 마을을 조금 지나 태워준 버스는 되돌아가고, 검사소를 통과한 후 다시 다른 버스로 갈아탔다.

▶ 갈아탄 버스가 세워준 전망대에서 바라본 경치로, 절벽장랑과 만선산의 웅장한 모습이다.

▶ 만선산 아래 검은 구멍이 나 있는 절벽장랑이 있고 길 아래엔 노란 모감주나무가 많다.

▶ 호수에서 줄타기 묘기를 하고 있다.

▶ 다리를 지나 절벽장랑으로 이어진 길

▶ 물방울이 돌을 뚫는다는 '水滴石穿' 한자와 '인내하다'의 뜻인 영어 Persevere

▶ 가운데에 왕망령의 봉우리들이 있고, 모감주나무와 가죽나무의 노란 꽃이 많은 계곡의 모습

▶ 곽량촌 주민들이 백절불굴의 정신으로 건설했다는 것을 알려주고 있는 절벽장랑 속 조형물

▶ 절벽장랑에 난 구멍을 액자로 생각하고 찍은 사진, 파란 계곡에도 명소들이 많다.

## 도화곡

매표소 입구에 버스에서 내리자마자 입이 쩍 벌어졌다. 매표소는 사방의 높은 산들로 완전히 둘러싸여 있다. '중국임주태항대협곡(中國林州太行大峽谷)'이란 글자가 엄청난 크기의 바위에 적혀 있다. 매표소를 통과하여 조금 들어가니 통과하는 길에 연등이 터널처럼 걸려 있고 300미터 정도 앞의 높은 절벽 바위에는 비룡협(飛龍峽)이란 흰 글자가 세로로 적혀 있다. 오늘 우리가 트레킹할 곳은 대협곡 중의 한 곳인 '도화곡(桃花谷)'이라고 알고 있고 계곡 입구의 문에도 도화곡이라고 쓰여 있는데 왜 바위에는 다르게 써 놓았을까? 생각하며 입구 문을 통과한다.

▶ '태항대협곡'이라고 적힌 거대한 입구 문, '임주태항대협곡'이란 글자가 있는 입구 표지석

▶ 길에 많은 등이 걸려 있고 앞 절벽에 비룡협이란 글자가 보인다.

▶ 강태공이 은퇴 후 악기를 연주한 금대, 황룡폭포가 떨어져 이루는 황룡담. 절벽의 보운잔도

▶ 사옥이라 부르는 백룡폭포와 항아리 모양의 백룡담, 비룡담이라 부르는 계곡의 부분

으헉! 계곡 트레킹 시작 지점에는 '도화곡'이라고 적힌 바위가 또 있다. 이 무슨 장난일까? 오른쪽으로 살짝 방향을 틀자, 넓은 바위가 나타났는데 '금대(琴臺)'란 표지석이 홀로 서 있다. 강태공(姜太公)으로 알려진 강자아(姜子牙)가 은퇴 후, 이곳 산수에 취하여 이 넓은 바위에 금대를 세우고 악기를 연주했다.

금대를 지나면 거대한 절벽 사이로 폭포가 있고 그 앞에 넓은 광장 같은 개천이 있다. 이 못에 붙은 높은 절벽에 '비룡협'이란 글자(붉은색이 아닌 흰색이어서 좋음)가 적혀 있는 것이다. 도화곡에서 제일 큰 못, '황룡담'이다. 절벽에 붙은 곳은 제법 깊으나 못을 건너가는 쪽은 얕아서 사진 찍기도 좋고 손을 담그

기도 한다. 너무나 포근한 곳이다. '황룡담' 글자가 쓰인 절벽에 붙은 잔도를 따라 걷는다. '보운잔도(步雲棧道, 구름 위를 걷는 잔도)'인데 걷는 재미가 쏠쏠하다. 길이는 360m, '방생잔도'로 불렸던 잔도인데 절벽에 바짝 붙어 구불구불 올라간다. 황룡폭포를 가로지르는 '방생공교'를 지나면 황룡폭포보다 더 긴 백룡폭포가 나온다. 백룡폭포아래에는 백룡담이 있다. 방생(倣生)은 불교의 방생(放生, 사로잡힌 물고기나 짐승을 풀어주는 의식)이 아닌 '생명을 모방한다'는 뜻으로, '생명(사람)을 흉내 내어 두 손을 모은 다리'라고 이해해야 한다. 백룡담 옹곡(白龍潭 瓮谷, 항아리 모양의 계곡)과 20m의 백룡폭포(瀉玉瀑布, 사옥폭포, 수많은 진주를 쏟아붓는 폭포)가 만들어 내는 경치는 압권이었다.

백룡폭포의 돌계단을 오르면 비룡협에 이른다. 갈 '지(之)' 자형(字形) 협곡 (Zigzag Valley) 안내문을 보고서 처음 들었던 궁금함이 해결되었다. 하늘에서 이곳을 내려다보면 용이 구불구불 승천하는 모습으로 보이기에 이 부분을 비룡협이라고 부르는 것이다. 하긴 이 부분만이 아니라 도화곡 전체를 봐도 비룡협으로 보일 것이다. 또한 좁은 협곡 양옆으로 높은 절벽이 있으니, 하늘이 일자(一字)처럼 보인다. 안내문에는 '일선천(一線川) 경관'이라고 설명하고 있다.

▶ 협곡에 박힌 바위 사이로 물이 흘러내리는 모습을 용이 구슬을 물고 있는 모습으로 보았다.

'함주(含珠, 여의주를 물고 있는 것)'라는 곳에 왔다. 큰 글자가 쓰인 절벽 옆에서 계곡 상류를 보면 협곡 가운데에 큰 바위가 박혀 있는데, 아래로 흐르는 물은 한 마리의 용이고 커다란 바위는 용이 물고 있는 구슬이다. '함주'는 주위의 계곡 벽은 붉은데 박힌 바위만이 회색이라 눈에 확 들어온다. 함주를 지나가면 높은 산봉우리를 배경으로 함주보다 더 큰 바위가 있는데 웅크리고 있는 사자 모양이란다. 상상력 부족인지 여러 번 봐도 고개가 끄덕여지지 않았다. 바위에는 일월유천(日月流川)이란 글자가 있다. 물은 밤낮을 가리지 않고 소리 내어 흐른다는 뜻이다. 이곳에서는 돌이 계곡으로 살짝살짝 내려오는 층을 이루고 있어 편하게 쉴 수 있는 곳이다. 다리를 걷고 물에 들어간 사람들, 돌에 앉아 간식을 먹는 사람들, 한숨 고르는 사람들로 제법 북적였다.

▶ 제법 크고 위에 풀이 있는 바위가 사자 모양인데, 바위 옆면에 '일월유천'이란 글자가 있다.

▶ 계곡에 나무와 유리로 된 여러 층의 계단과 다리가 있는 수운간, 판테온 돔을 닮은 절벽

수운간(水雲間, 물과 구름 사이)은 중국인들의 재치와 정신을 보여주는 곳이었다. 아홉 굽이로 꺾이는 유리 다리를 계곡에 설치한 것이다. 꼭 미술관이나 박물관 입구를 걷는 분위기다. 길이는 48m, 폭은 2m 정도다. 높은 산, 흐르는 물, 흰 구름과 푸른 하늘에 에워싸여 있는 곳인데, 산수(山水)는 말이 없고, 그 사이에 사람이 있으므로, 사람의 마음이 맑고 투명하게 되어 서로의 마음이 잘 통하는 연인들은 이곳에서 다른 어떤 곳보다 빠르게 자신의 심정을 고백하게 된다는 것이다. 안내문을 읽으며 몇 번이나 고개를 끄덕였다. 벽계(碧溪)는 푸른 물결이 일렁이는 계곡이란 뜻이다. 물속에 이끼(해캄)가 있어 물결이 흔들리는 것이 더욱 분명하게 보인다. 급격하게 흐르던 물이 계단 모양을 이루는 바위를 따라 층층이 떨어지면서 넓게 펼쳐져 얕은 못을 이루며 흘러가는 곳이다.

▶ 높이가 제각각인 여러 층으로 물이 떨어지는 벽계

이용희주(二龍戱珠)는 두 마리의 백룡이 여의주를 가지고 노는 모습에서 이름을 딴 것이다. 도화곡 중간 부분에 있다. 둥근 바위가 아닌 비스듬한 바위가 함주처럼 협곡 사이에 박혀 있다. 박힌 바위 양쪽으로 흐르는 물을 두 마리의 용에 빗댄 것이지만 수량이 적어서 오른쪽 작은 폭포는 용처럼 보이지 않는다. 하지만 두 갈래 폭포 아래에는 깊은 못(12m)이 있다. 우리나라의 용추폭포란 이름이 곳곳에 있듯이 중국 계류 곳곳에 함주나 이용희주가 있는 것은 아닐까.

이용희주의 오른쪽 절벽을 따라 조금 오르면 계류를 가로지르는 계단식 나무다리를 건너게 되고 왼쪽 절벽을 따라 화계잔도(花溪棧道)가 이어진다. 잔도만 보면 입꼬리가 올라가는데 벌써 중독이 된 것 같다. 복사꽃이 필 때, 꽃잎들이 흩날려 물 위를 떠다니는 모습을 보고 이름을 지었다. 220m의 길이라 걷는 맛이 최고다.

화계잔도를 지나면 폭포가 연달아 나오는 곳, 구련폭(九連瀑)이 나온다. 구련폭은 하나의 폭포를 말하는 게 아니라 이곳의 폭포 무리를 합쳐서 말한 것이다. 폭포와 못, 못과 폭포가 연달아 이어지고 지형과 낙차가 달라 폭포들이 각각 서로 다른 모습을 보여준다. 작은 폭포 건너편에는 커다란 바위가 혼자 앉아 있는데 붉은 글씨로 '九連瀑'이라고 새겨져 있다. 길을 지나가면서 보면 한 개가 아닌 두 개의 바위가 서로 기대고 있는 모습이라 픽! 웃음이 나왔다(속을 뻔했어).

▶ 화계잔도, 계곡의 층을 이루는 바위에 '구련폭' 표지석이 혼자 우두커니 앉아 있다.

▶ 구련폭을 지나면 가게들과 깨달음을 뜻하는 글자가 있는 바위가 나온다.

▶ 구련폭의 상단 부분을 가로지르는 징검다리 위에 실처럼 떨어지는 폭포와 웅장한 산

구련폭의 가장 큰 폭포를 가로지르는 징검다리를 건너가니 넓은 암반 위에 가게들이 있었다. 첫 가게 옆에는 가게만큼 큰 둥근 바위가 있는데 오(悟)라는 단 한 개의 글자만 있어 오히려 더 큰 감동이었다. "이번에는 어떤 것을 깨달았나요?"라고 누가 묻는다면 "여러 나라의 멋진 경치를 제법 많이 봤다고 생각했는데 아직 한참 모자라네요."라고 답할 것이다. 잠깐 충격을 준 바위를 지나 계단을 걷는다. 무릉원 현판이 걸린 돌로 된 건물을 통과한다. 길게 이어지는 회랑식 건물이다. 왼쪽에는 제법 넓은 못이 있다. 가이드가 어서 와서 수박을 먹으라고 손짓한다. 못 가운데에 큰 돌이 있고 가장자리에는 버드나무들이 많아서 분위기가 너무 좋다. 벤치에 앉아서 수박 세 쪽을 금세 해치웠다.

▶ 못 가장자리에 버드나무가 많이 있는 유원, 왼쪽의 건물은 과일도 파는 카페

    가게를 나가는 곳에 소원(溯源)이란 편액(扁額, 글씨를 써 붙여놓은 액자)이 걸려 있다. 글자가 오른쪽에서 왼쪽으로 적혀 있고 첫 한자가 너무 어려워서 잠깐 공부를 했다. 물의 근원을 찾아 상류로 거슬러 오르는 것인데, 숨은 뜻은 사물이나 근원을 밝히려고 상고(上考, 곰곰이 생각함)하는 것이다. 유원(柳苑)은 구련폭 상류의 넓은 관경평대(觀景平臺, Platform, 경치를 보는 평평한 곳)에 자리 잡고 있다. 이곳에도 무욕(無慾)이라는 글자가 새겨진 바위가 물속에 서 있다. 이곳에는 버드나무가 많이 있는데, 나무를 보고 선생유(先生柳, 버드나무 선생)라 부른다. 다섯 그루(다섯 분의 버드나무 선생)는 도연명(고상함, 뛰어난 재능, 無欲, 無求, 隱逸)에 잘 어울린다.

▶ 도화곡의 물의 양을 조절하는 역할을 하는 도화당의 짙은 물에 도로와 산이 비친다.

유원을 지나는 길에는 도화당이 있다. 도화당(桃花塘)은 도화곡의 물의 양을 조절하는 역할을 하고 있다. 일종의 작은 저수지(湺, 물을 공급하기 위한 수리 시설)다. 계곡에 물의 양이 적으면 도화당에 담긴 물을 계곡으로 흘려보낸다.

유원에서 도화당을 거치는 500m 계곡을 걸으면 종점인 도화마을(桃花洞民俗村)에 도착한다. 광장 주변에는 식당, 기념품점, 숙소, 슈퍼, 카페까지 다양한 건물들이 광장을 둘러싸고 있다. 한겨울에도 복사꽃이 피는 곳이란 이름을 가진 도화곡은 약 12억 년의 세월 동안 흐르는 물에 암석이 깎여 만들어진 협곡으로 폭포, 못(담), 암벽이 어우러져 감탄을 금치 못하게 한다. 도화역관(桃花驛館) 앞에는 태항천로(太行天路) 안내판이 있다. 여기서 잠시 쉬다가 이 구간의 일부분을 구경할 것이다.

▶ 작은 저수지 도화당을 지나면 돌벽이 있는 길을 지나 도화마을에 도착한다.

▶ 도화마을 광장은 카페, 숙소, 식당, 기념품 가게 등으로 둘러싸여 있다.

## 태항천로

임주 대협곡(태항 대협곡)은 몽고 초원 아래에 있는 산서성에서 시작하여 하남성, 하북성에 걸쳐 있는 남북 600km, 동서 250km의 거대한 협곡이다. 중국의 그랜드캐니언이라고 불릴 만하다. 춘추전국시대부터 험준한 산세를 가진 군사 요충지였고 치열한 전투가 많이 벌어진 곳이다. 19세기에 들어와 지하자원(철, 석탄)의 개발로 도로가 만들어지기 시작했다.

예전에 환산선(環山線)이라 불리던 태항천로(太行天路)는 북쪽의 도화동에서 고가대까지의 29km 구간을 말한다. 900m에서 1,100m 지점 절벽 끝에 지은 2차선 도로다. 대협곡의 일부 구간이 태항천로인데 환선 일주도로와 산악자전거 옥외 기지의 두 부분으로 되어 있다. 환선도로는 태항천로의 가장 중요한 역할을 담당하고 웅장한 풍경을 내려다볼 수 있는 최고의 장소를 제공한다. 태항천로를 달리면 백리화랑(百里畫廊, 자연 미술관)에 들어온 느낌이 난다. 산세에 따라 길을 연결하고 여러 전망대를 세워 협곡과 어우러진 산을 볼 수 있도록 한 것이다.


도화마을에서 개방된 전동차(빵차)를 타고 절벽 도로를 달리니 조금 무섭기도 하다. 능운랑(凌雲廊)을 비롯한 몇 개의 전망 포인트를 그대로 지나쳐 버린다. 입이 자동으로 삐죽 튀어나온다. 도로 옆에 있는 몇 개의 마을을 보았는데 벽과 지붕이 모두 넓은 돌로 되어 있다. 집을 지을 나무도 구하기 어려웠나, 아니면 나무보다 더 편리한 돌이 많았을까. 대협곡은 석판암향(石板巖鄕, 판자 모양의 바위가 있는 곳)에 위치해서 '석판암 풍경구'라고도 한다. 계단식 밭이 절

▶ 태항천로로 운행하는 버스들로 가득 찬 도화마을 버스 정류장

벽 끝부분까지 연결되어 깜짝 놀란다. 밭을 일구다 떨어져 죽을 수도 있는데. 밭에는 주로 옥수수가 보였다.

　드디어 처음으로 빵차가 멈췄다. 천경(天境, 하늘과의 경계)이란 곳이다. U 자로 굽이치는 일주도로, 계곡을 연결하는 다리, 산 위의 정자, 작은 집들이 이루는 경치는 좋았다. 도로 옆에는 절벽을 따라 걸을 수 있는 산책길도 있고 전망대에서 더 걸어가면 산 위에 올라갈 수도 있다.

　마지막으로 도착한 곳은 '몽환지곡(夢幻之谷) 관경대'였다. 태항천로 최고의 전망대로 대협곡의 모습을 가장 멋지게 볼 수 있는 곳이다. 까마득한 협곡 아래에는 집들도 상당히 많고 도로도 제법 크게 나 있으며 봉우리에 또 더 높은 봉우리가 겹쳐 있으니 장대함의 절정을 이룬다. 전망대 옆에는 작은 카페와

식당도 있다. 절벽 위 카페에 앉아 시원한 커피를 마시는 여유를 느껴보고 싶었다. 전망대 옆에는 거대한 유리 스카이워크가 있는데 별도로 돈을 내야 한다. 이곳에서 빵차가 있는 곳까지 천천히 구경했다. 조형물도 있고 앵무새가 있는 카페 겸 가게 건물도 있다. '왕상암'을 보지 못해서 아무래도 다시 올 기회를 잡아야 하겠다.

▶ 전망대 '천경(天境)'에서 바라다본 풍경. 계곡을 가로지르는 유리로 된 다리, U자로 꺾인 도로, 벽과 지붕이 돌로 된 집들, 그리고 가운데 멀리 태항대협곡의 부분을 조망한다.

▶ 몽환지곡에 있는 식당과 카페도 벽과 지붕이 모두 돌로 되어 있다. 가운데에는 가죽나무

▶ 대협곡 사이로 흐르는 강 가운데에 있는 작은 섬, 강을 따라 옹기종기 모여 있는 집들

▶ 절벽 위에 있는 스카이워크

▶ 스카이워크에서 조금 더 나아가서 본 계곡

▶ 절벽 끝까지 계단식 밭이 있는데 아찔하다. 밭에는 옥수수 등을 재배한다.

▶ 대협곡이란 말을 실감할 수 있는 길이의 협곡은 옆에서 다른 작은 계곡들과 계속 만난다.

2부

# 일본

# 다이세츠산(大雪山)

## 쿠로다케(黑岳)

북해도의 지붕이라 불리는 다이세츠산은 북해도의 최고봉인 아사히다케(旭岳), 쿠로다케, 호쿠진다케(北鎭岳) 등 20개에 달하는 산봉우리 전체를 말한다. 거대한 화산 지형과 잔설(殘雪), 거기에 수많은 고산 식물, 등산 입구에 솟는 온천 등을 자랑하고 등산을 편하게 해주는 로프웨이(우리나라의 케이블카)가 있어 등산 시즌에는 많은 등산객이 찾는 곳이다.

등산하기 하루 전에 아사히카와(旭川)에서 카미카와(上川)까지 JR특급 열차를 타고 이동하고 카미카와에서 소운교(層雲峽)까지는 버스를 탔다. 소운교는 100m 높이의 절벽으로 둘러싸인 협곡 마을이다. 다이세츠산 지역에 있는 최대의 온천마을이라 등산을 안 해도 구경할 곳이 많은 곳이다.

숙소에 캐리어를 맡기고 방문자 센터로 걸어가 관광지를 살펴보려고 팸플릿을 보고 있을 때였다. 사무실의 직원이 어디에서 오셨느냐고 물으며 이것저것을 알려주셨다. 택시를 타고 두 시간 정도의 관광지를 둘러보기로 했다. 긴가노타키(銀河)와 류세이노타키(流星) 두 개의 폭포를 봤는데 며칠 전에 내린 비로 박력 있는 모습을 보여주었다. 기사님은 주상절리가 있는 곳과 다이세츠댐까지 보여주시고 사진도 잘 찍어주셨다. 댐에서는 내일 오를 쿠로다케의 눈 쌓인 봉우리들도 작지만 깨끗하게 보였다.

▶ 로프웨이역 앞에서 소운교 마을을 배경으로 사진을 찍었다.

숙소인 다이세츠칸코호텔(大雪山觀光Hotel)에서 하룻밤을 잘 쉬고 이른 아침, 부탁한 점심 도시락을 챙겨 로프웨이 타는 곳으로 향한다. 로프웨이는 소운교 온천의 산록쿠에키(山麓駅, 670m)와 쿠로다케에키(黑岳駅, 1,300m)를 연결한다. 처음에 타는 이것을 곤돌라로 부르고 다음에 조금 걸어서 다시 타는 것은 리프트라고 부른다. 눈 아래로 이시카리가와(石狩川)가 숲속을 가로질러 흐르고 대협곡(이시카리강의 침식 작용으로 깎인 협곡)이 양쪽으로 연결되는 장관이 펼쳐진다. 올려다보면 쿠로다케의 정상이 가까워진다.

▶ 왼쪽에 보이는 마네키 바위

▶ 고산 식물 이와부쿠로, 岩袋, 바위 주머니

15분간의 리프트를 타고 나나고매에키(7合目駅, 1,520m)에 도착한다. 이제는 내 힘으로 정상까지 올라야 한다. 산막(山小屋, Lodge) 옆으로 난 길로 오른다. 처음에는 울퉁불퉁한 경사면의 돌길이고 다음에는 계단으로 정비된 길이 차례로 반복된다. 지그재그로 꺾어져 올라가는 길을 힘차게 오른다. 꼬불꼬불 오르는 중간에 있는 8합목(8合目)에 이른다. 벤치에 앉아 물을 마시며 주위를 둘러보았다.

9합목(9合目)에 이르면 마네키 바위(어서 오라고 부르는 바위)가 보인다. 다이세츠산의 꽃밭으로 초대하는 듯한 느낌을 주는 멋진 바위다. 이곳부터는 길 양편으로 각종 들꽃의 잔치가 벌어진다. 노란 '찌시마노킨바이도'가 계속해서 나타난다. 산허리 경사면에서 제일 많이 보는 들꽃이어서 이름을 외운다. 마네키 바위를 내려다보는 높이로 올라오면 정상이 얼마 남지 않았다는 것을 알 수 있다.

야호! 정상 쿠로다케(1,984m)에 도착했다. 협곡과 반대편 산 경치밖에 보이지 않던 시계가 360도로 열려서 가슴이 후련하다. 다이세츠산 천공(天空, 하늘 아래) 꽃밭이 눈 아래에 펼쳐져 있다. 먼저 올라온 등산객들은 바위에 앉아 음식을 먹기도 하고 경치를 보며 쉬고 있다. 호텔에서 준비해 준 도시락을 먹는다. 짭조름한 생선조림과 아삭아삭 씹히는 연근 반찬이 맛있다.

정상에 오른 것으로 만족하지 않고 정상 아래로 펼쳐진 천공 꽃밭(마음대로 지은 것)으로 간다. 내려가는 도중에 커다란 렌즈를 장착한 무거운 카메라를 든 할아버지가 다른 분에게 들꽃 설명을 하고 다른 분은 열심히 사진을 찍고 있다. 바위산 위에 납작하게 펼쳐진 야생화 무리다. 사이사이에 다른 꽃들도 많은 모양인데 너무 작아서 가리켜 주지 않으면 못 찾을 것 같다.

제일 많았던, 너른 바위 지대를 완전히 덮고 있던, 무리를 지어 있는 꽃 하나는 외웠다. '이와부쿠로'다. 키는 작으나 옆으로는 4~5cm가 되어서 눈에 잘 띈다. 바깥쪽은 연한 보랏빛의 줄무늬가 있고 쑥 들어간 안쪽은 흰색이다. 옆으로 향하면서 피어 있는데 누군가에게 말을 걸고 싶은 모양이다.

▶ 백조 모양의 설계가 있는 호쿠친다케

▶ 화분 모양의 오하치다이라

▶ 자갈 사이에 핀 망아지풀, 코마쿠사

▶ 꽃이 떨어진 후, 부채 모양으로 변한 친구르마

정상으로 내려오면서 오른쪽 아래에 있는 작은 건물을 본다. 쿠로다케이시무로(石室)인데 피난 산막이라고 보면 된다. 멀리 백조 모양의 설계가 있는 곳은 호쿠친다케(北鎭岳, 2,244m)이고 화분 모양의 오하치다이라(御鉢平)는 화산 활동으로 생긴 칼데라 지형이다. 이시무로 구간 바로 앞에는 등산길로 갈라져 있는, 안경 모양의 두 개의 설계(雪溪)가 있다. 7월 중순인데도 눈이 모두 녹지 않고 제법 두껍게 쌓여 있다.

▶ 친구르마가 노랗게 피어 있는 산막 근처　　▶ 길 양쪽 옆 한여름에도 눈이 녹지 않은 계곡

　　피난 산막으로 가지 않고(우회전) 이시무로 구간을(직진) 걸으며, 홋카이다 케(北海岳) 방향으로 더 나아간다. 설계 부근에는 연한 노란색(미색)과 흰색에 가까운 '친구르마'가 끝없이 피어 있다. 어떤 것은 꽃이 지고 난 후 벌써 솜털 부채 모양이 되어 있다. 줄기 부분을 제외하고 솜털 부분만 보면 긴 풍차 모양 으로 보이기도 한다. 찌고루마(幼兒車, 유아용 차)를 닮았다고 하여 소리가 살 짝 바뀐 지금의 이름으로 변했단다.

　　오하치다이라 입구 근처에서 음료수와 간식을 먹는다. 며칠 후에 오를 이 산 의 또 다른 봉우리 아사히다케(旭岳)에의 기대가 점점 부풀어 오른다.

## 아사히다케(旭岳)

JR 아사히카와역(旭川駅) 앞에 있는 로손 편의점 앞에서 버스를 타고 아사히카와 공항을 거쳐 로프웨이 역에 도착한다. 이곳은 이데 유(湯), 아사히카와 온천(溫泉)지역이다. 로프웨이를 타고 해발 1,600m의 정상역 스가타미역(姿見駅)으로 간다. 역에서 오른쪽 길로 돌아간다. 양옆으로 들꽃이 무성하다. 이젠 일본의 들꽃도 눈여겨봐야 하는, 아무도 내게 강요하지 않은 내가 만든, 숙제가 생겼다.

첫 번째 명소 스가타미노이케(姿見ノ池)가 나온다. 이곳부터 내리막이 전혀 없는 해발 630m의 암반 경사면을 계속해서 올라야 한다. 왼쪽에는 지코쿠(地獄) 계곡의 화산 연기가 허옇게 뿜어나오고 있어 조금 긴장이 된다.

고도를 높여가면 조금 전에 봤던 못과 멀리 누노노타이라(沼ノ平, 고산 평원지대) 등이 보인다. 지붕 같은 경사면을 쭉 오르면 커다랗고 시커먼 은행 금고를 닮은 바위(니세킨고)가 나오는데, 여기서 왼쪽으로 크게 방향을 바꿔 걸으면 등산길에서 처음 나오는 경사면이 조금 평평한 길을 걷게 된다. 계속 크고 작은 화산 돌이 있고 조금 미끄러운 길을 걷다가 2,000m가 넘는 곳에 있는 계곡 습지를 보고 평탄한 길을 걸으니 갑자기 기분이 좋아진다.

▶ 2,290m '아사히다케'에서 내려다본 경치, 앞에 멋진 분화구가 보인다.

조금 더 앞으로 가니까 처음에 봤던 '금고 바위'보다 더 확실하고 큰 킨코이와(金庫岩)가 나타났다. 이곳에서 마지막 오르막을 놀라 아사히다케(2,290m)에 이른다. 정상에는 많은 등산객들이 쉬고 있다. 하지만 이곳은 워낙 넓은 곳이라 등산객이 많아도 전혀 불편함이 없다. 벤치도 있고 사방이 트여서 조망하기가 그지없다. 하지만 바람은 좀 세다. 여름이어서 오히려 더 좋지만, 가을만되어도 추위를 느낄 것 같다. 빵을 먹으려고 배낭을 열었는데 크림빵 봉지가 거의 공 수준으로 부풀어 있다. '펑' 소리가 날까 조심스럽게 뜯어서 빵을 먹는다. 캬! 내가 한라산보다 높은 산을 이렇게 쉽게 오르다니? 정상 표지목 바로 옆에 있으면서도 실감이 나지 않는다.

정상에서 올라온 방향을 바라보니 오모테(表) 다이세츠산 전역을 볼 수 있다. 출발 지점인 스가타미 못과 유황 가스의 모습이 아주 작게 보여 거리와 표고 차이(1,070m)를 느끼게 한다. 바로 앞에는 다이세츠산 중앙부에 있는 직경 2km의 오하찌다이라(御鉢平) 칼데라는 바깥쪽 테두리만 보이고 가운데 움푹 들어간 부분은 보이지 않는다. 20분 정도 점심을 먹으며 쉬다가 쿠로다케 방향으로 등산길을 연장한다. 오하찌다이라의 분화구까지만 가볼 계획이다. 화산 모래로 된 경사면 길은 상당히 미끄러워서 아무리 버티려 해도 잘 되지 않는다.

15분 정도를 내려가면 설계(눈밭)에 이르게 되는데, 눈밭에 난 발자국을 보며 설계를 건넌다. 설계 앞에는 귀여운 텐트가 설치되어 있다. 이 추운 곳에서 하룻밤을 보냈단 말인가? 아니면 여기까지 와서 휴식을 취하기 위한 텐트인지 궁금하다. 물을 공급받을 수 있는 샘도 있다. 내려와서 물어보니 이곳이 캠프 지정 장소였다.

▶ 아사히다케 정상 표지목에서의 한 컷

▶ 융단처럼 펼쳐있는 노란 들꽃 무리

이 설계 부분을 출발했던 정상에서 바라보면 새 한 마리가 날개를 펼치고 나는 모습이어서 신기했다. 설계 옆에는 제법 큰 노란 들꽃이 무더기로 피어 있다. 설계 부분을 내려와서 지나온 산을 바라보면 고래 등을 보는 것 같다. 이곳은 우리말로는 안부(鞍部, 산등성이의 오목한 부분)이고 코루(프랑스어로는 col)라 부른다. 설계 마지막 부분에는 눈이 녹은 물이 흐르고 작은 자갈도 깔려 있어 시냇가 옆에 있는 분위기다.

설계 부분이 끝나고 이제는 평탄한 길로 간다. 50cm 정도로 사람들이 낸 자국을 보면서 걷는다. 굽어서 분화구 오른쪽으로 올라가는 길인데, 아사히다케 정상에서 보면 크레파스로 고동색과 진한 갈색, 회색을 섞어 도화지에 색칠한

▶ 아사히다케에서 쿠로다케로 가는 등산길 경사면에 남은 눈이 한 마리의 새 모양이다.

분위기가 느껴졌던 곳이다. 등산로를 벗어나 분화구로 오른다. 분화구는 생각보다 훨씬 더 웅장했고 아래로 내려갈 수도 있을 것 같다. 길은 없지만 충분히 가능하다. 출입 금지를 하지 않고, 능력껏, 확보된 시간대로 등산을 할 수 있어서 좋다. 아사히다케에서 쿠로다케까지 7시간 30분 정도 걸린다는데 체력을 길러서 도전하고 싶어진다.

▶ 설계(雪溪) 아래에서 쳐다보면 고래의 등으로 보이는 아사히다케

▶ 분명하게 보이는 오하치다이라 분화구    ▶ 눈이 녹은 곳에 피어 있는 연한 노란색(미색)의 들꽃 무리

분화구 위 능선을 조금 더 걸으면서 분화구도 찍고 반대편에 있는 아사히다케를 보고 찍기도 했다. 오늘은 더 이상 욕심을 부리지 않고 발걸음을 돌린다. 우리나라의 지리산처럼 아사히다케도 광활한 지역으로 퍼져 있다. 그에 따라 많은 등산 코스가 있을 것이다.

## 아사히다케 주유 코스(周遊 Course)

소운교 근처에 있는 쿠로다케와 다르게 아사히다케는 로프웨이 정상역에서 아사히다케로 오르지 않아도 광활한 장소가 있어 트레킹을 하는 사람들로 북적인다. 트레킹을 하는 데도 2시간 정도가 걸린다. 그것도 부족하다 싶으면 자연 산책로를 지나서 스소다이라(裾合平)까지 연장할 수가 있다.

처음 아사히다케 등산을 할 때, 이곳을 다 보지 못해서 기회를 미뤘는데 1년 만에 기회를 잡게 된 것이다. 정상으로 가지 않고 유유히 걷는다고 생각하니 마음도 홀가분하고 오로지 멋진 사진을 많이 찍겠다는 생각뿐이다.

로프웨이를 타고 해발 고도 1,600m 지점에 있는 스가타미역(姿見駅)에 도착한다. 산악 지대라 키가 작은 나무만 자랄 수 있는 삼림 한계를 넘은 산 위에 있는 케이블카 역이다. 만게츠누마(滿月沼)와 아사히다케를 바라보면서 스가타미이케를 향해 걷기로 한다. 스가타미역에서 스가타미노이케(姿見池)까지는 길이 두 개가 있다. 비교적 직진 길이 많고 약 30분 정도로 갈 수 있는 길과 전망대 등 빙 둘러 가면서 40분 정도로 가는 길이다. 후자의 길로 올라 전자의 길로 내려오는 것이 좋다.

역 부근에는 깨끗하게 정비된 나무 길(木道), 그러나 목도는 곧 끝나게 되고 흙길이나 돌이 튀어나온 길을 걷는다. 경사 길과 계단을 5분 정도 걸어서 제1 전망대에 도착한다. 산책길보다는 높은 곳에 있어서 전망이 잘 된다. 주유 코스에는 전망대가 많은데 스가타미이케 부근의 제5 전망대까지 5개가 있다. 전망대를 지나면 몇 개의 소(沼)와 작은 못이 나타난다. 처음으로 나타난 것이 만게츠누마(滿月沼), 뜻 그대로 달처럼 둥그런 모양이다.

▶ 케이블카 출발하는 곳에서 바라본 경치, 눈 쌓인 못 뒤로 보이는 케이블카 상부 역의 모습

▶ 부부 못, '메오토이케' 두 개의 못 사이를 걸어가는 재미가 쏠쏠하다.

이 소(沼)에서 5분 정도 가면 제2, 제3 전망대가 나온다. 여기서는 아사히다케의 웅장한 모습과 함께 카가미이케(鏡見池)와 스리바치이케(擂鉢池)를 바라볼 수 있다. 두 못은 속칭 메오토이케(夫婦池)라 불린다. 카가미이케는 아사히다케의 모습이 거울처럼 수면에 비친다고 이름 지어진 못이다. 스리바치이케는 절구 모양을 닮아서 이렇게 부른다.

이들 소(沼) 혹은 못(池)들은 옛날 화산 활동으로 이루어진 것이다. 폭발이 일어났을 때, 작은 분화구가 생기고 화산 활동이 끝난 후 움푹 들어간 곳에 물이 차서 이뤄진 것이다.

제3 전망대에서 제4 전망대로 가는 도중에 또다시 길이 갈라진다. 오른쪽은 카가미이케 가는 길이고, 왼쪽은 고산 식물의 군락지가 있는 스소아이다이라(裾合平)로 가는 길이요, 아이잔케(愛山溪)를 시작으로 다른 산들로 등산을 시작하는 길이다. 늪지대와 고산 식물을 보고 싶어서 왼쪽으로 간다. 처음의 계획에는 없었던 코스가 된다. 질퍽한 길도 있고 발 디딜 곳이 불편한 곳도 있지만 길쭉한 늪지대가 있어서 와볼 가치가 있다. 이렇게 높은 산 위에 못이 여러 개 있고 늪지대도 있고 화산 연기가 분출되는 곳도 있으니 우리나라 산들과는 사뭇 다르다. 아마도 이 길을 따라 한참 가다가 오른쪽 아사히다케로 오르는 길도 분명히 있을 것 같은 예감이다. 늪지대 부근을 신나게 찍고 있는데 늪 위의 언덕에 붉은 물체가 언뜻 보인다. 작은 여우였다. 사진을 찍으려고 하는데 풀숲으로 쑥 들어가 버리는 것이 아닌가? 너무나 안타까워서 또다시 나타나기를 기다렸지만 어디로 갔는지 나오지 않았다.

▶ '스가타미이케' 뒤로 화산 연기가 분출되고 있고 '아사히다케'는 구름에 가려져 있다.

▶ 둑에 이와부쿠로가 피어 있고 뒤쪽으로 화산 수증기를 내뿜고 있는 스가타미이케

다시 카가미이케로 향한다. 잠시 오르막길과 계단이 이어지고 좀 더 경사가 높아진다. 뒤를 돌아다보니 카가미이케와 스리바치이케 두 못이 보이고 두 못 사이로 난 산책로까지 정확하게 나타난다. 이 두 못은 나란히 마주 보고 있어 (다르게 표현하면 이웃하고 있어서) '부부 못'으로 부르는가 보다.

제4 전망대 부근의 바위가 많은 곳에는 곳곳에 작은 구멍들이 많은데, 땅속에서 가스와 수증기가 올라온다. 주위가 다른 곳보다 따뜻하다. 그래서 이 주변의 들꽃들이 못 주변의 다른 곳보다 비교적 빠르게 꽃을 피운다고 한다. 제4 전망대를 지나서 스가타미이케에 가까이 오니 화산 연기가 멀리서 볼 때보다 확실히 더 활기차게 뿜어내는 모습이다. 새하얀 연기가 뭉글뭉글 산 쪽으로 솟아오른다. 못으로 가기 바로 전에 길을 왼쪽으로 틀면 분출 구멍을 가까이서 볼 수 있다. 분출하는 화산 연기, 폭발하는 소리로 지구는 살아 있음을 실감하게 된다.

봄에서 여름, 여름에서 가을이 잠깐만 있다가 지나가 버려서, 여름이 겨우 한 달밖에 되지 않는다는 '카가미이케'다. 하나 여름이 짧은 만큼, 도시에서의 한여름 더위에도 눈을 볼 수 있고, 남은 더위가 있는 때라도 한 걸음 빨리 단풍을 즐길 수 있는 특이한 곳이다.

못 가장자리보다 높은 오르막길에 전망 지점이 있는데 이곳이 기념 촬영 장소다. 이곳에서 산 쪽으로 조금만 오르면 제5 전망대다. 여기서는 산을 정면으로, 눈 아래로는 못과 연기가 뿜어져 나오는 곳이 내려다보인다. 산으로 가는 분기점이다. 1년 전에 이곳부터 줄곧 경사면을 올라 아사히다케 정상에 간 것이다.

▶ 둥근 도넛처럼 보이는 스리바치이케

▶ 카가미이케 옆으로 난 木道가 예쁘다.

이젠 로프웨이 역으로 가자. 돌아가는 길에는 전망대가 없다. 그러나 산책로에서 뒤돌아보는 경치와 주위의 고산 식물들이 역시 멋지다. 아사히다케를 시작으로 웅대한 산들, 거울처럼 물에 비치는 산과 하늘의 경치, 산책로 옆에 피는 들꽃과 나무들, 걷는 내내 멋진 경치가 이어져 지루할 틈이 없는 트레킹이다. 해발 높이가 높은 만큼 기온이 낮고 바람이 많이 부는 곳이라 여름이라도 긴소매 옷을 입는 것이 좋고 얇은 바람막이와 모자도 준비하면 좋겠다.

# 노리쿠라다케(乘鞍岳), 하쿠바오오이케(白馬池)

로프웨이를 타고 쓰가이케시젠엔에키(梅池自然園駅)에 도착한다. 쓰가이케산소(梅池山莊)에서 등산길로 들어간다. 곧바로 내리막길이 되고 숲을 지나게된다. 솔송나무 숲으로 뻗어 있는 길이지만 점차로 오르막 경사로 변한다. 전망이 없는 굽은 길을 조금씩 걸으면 사스래나무(岳樺) 숲이 나온다. 돌이 울퉁불퉁한 길을 걷기 시작하면 고도가 올라감에 따라 키가 작은 나무들로 바뀐다. 텐구하라(天狗原) 습지가 가까워지면서 경사는 낮아진다.

습지는 나무 길(木道)이 설치되어 쉽게 걷는다. 하지만 이 길은 풍혈(風穴)과 오오이케(大池) 분기점까지의 짧은 길이고 그 후로는 거친 바위 구간이다. 텐구하라 습지는 생물 보호를 위해 이렇게 나지막한 목도를 만들었다. 물이 조금 고여 있고 다른 곳에서는 보기 힘든 고산 습지에 사는 풀과 나무들이 멋지다. 마련된 벤치에 앉아 물을 마시며 경치를 감상한다.

바위 구간은 너덜길이 아닌, 그냥 매우 큰 바위가 쌓여 있는 계곡이다. 물론 수많은 세월이 흐르면 침식 작용으로 우리나라에서 보는 너덜지대로 변하겠지만. 그리고 바위에 새겨진 화살표를 이리저리 찾지 않으면 앞으로 나아갈 수가 없다. 살아오면서 이런 길은 처음 걸어본다.

▶ 목도가 넓게 깔려 있어 쉬기에도 좋은, 산 중턱에 있어 더 반가운 '텐구히라 습지'

끙끙거리며 바위 경사면을 걸어 능선 위로 올라왔다. 위로는 고랜게다케(小蓮華岳)로 이어지는 능선을 바라보고 눈 아래로는 하쿠바오오이케(白馬池)와 산장을 보며 걷는다. 하지만 바위 천국은 능선 위에도 여전하다. 산 위에 (2,380m) 칼데라 호수가(못이라고 표현되어 있지만) 있다니 놀라지 않을 수 없다. 그것도 지금 내려다보면서 바윗돌 능선을 걷고 있는 것이 아닌가? 수량도 엄청나고 가운데는 깊이도 상당할 것 같다. 좀처럼 보기 힘든 경관을 볼 때 우리는 비현실적인 경치라고들 한다. 그 표현이 제일 적절하다. 산행 후에 알았지만 이 능선이 노리쿠라다케(乘鞍岳, 2,436m)였고, 하쿠바다케(白馬岳, 2,932m)는 오오이케에서 서너 시간을 더 걸어야 했다.

▶ 노리쿠라다케 능선길은 바위투성이다.

하쿠바 오오이케 산장에 왔다. 벽과 지붕과 문들이 온통 빨간색으로 칠해져 있다. 호수의 색깔과 대조되니 나름 멋지다. 모두 그런 것은 아니지만 일본의 많은 산장 지붕은 빨간색으로 되어 있다. 아마도 멀리서도 쉽게 찾을 수 있도록 하고, 등산길의 표식도 되는 효과를 위해 그렇게 한 것이리라. 이곳에서 하룻밤을 묵고 계속 산행을 이어가도 되고 휴식을 취해도 된다. 컵라면을 사서 가져온 빵과 함께 먹는다. 먹구름이 끼었던 날씨가 이젠 비로 변했다. 내리는 비를 창밖으로 바라보며 뜨거운 라면 국물과 '소보로빵'을 먹는 것도 나름 멋진 행복이라고 느낀다.

▶ 하쿠바다케 아래에 있는 매우 큰 호수 하쿠바 오오이케, 온통 붉은색인 산장

▶ 산 위에 거대한 호수가 있다.

내려올 때는 비옷을 입었다가 습지를 지나고부터는 빗줄기가 가늘어져서 그냥 우의를 벗고 비를 맞으며 걷는다. 좀 더 자세하게 공부했다면, 산장에서 하룻밤을 자고 하쿠바다케까지 가서 다른 길로 내려와도 됐는데?


# 카라마츠다케(唐松岳), 핫포이케(八方池)


하쿠바무라(白馬村)는 나가노현의 남북으로 뻗어 있는 북알프스에 있는 지역인데 나가노 동계 올림픽 점프대가 있고 시라우마다케(白馬岳, 2,932m)를 시작으로 이와 비슷한 높이의 여러 산이 있는 곳이다. 여름에는 등산과 가벼운 트레킹으로, 겨울에는 스키로 유명한 곳인데, 동계 올림픽이 열린 곳인 만큼 스키장은 일본에서도 최대 규모를 자랑한다.

JR 하쿠바역에서 버스를 타고 핫포 관광안내센터에 내린 후 곤돌라를 타는 곳으로 걸어간다. 스키 시즌의 관광객들을 위한 작은 숙소들과 각종 스키용품을 파는 가게들을 지나 핫포오네(八方尾根) 곤돌라역(山麓駅)에 도착한다. 많은 등산객이 첫 번째로 올라가는 곤돌라를 기다리고 있다.

등산을 위해 곤돌라를 한 번, 리프트를 두 번 타고 가야 한다. 요금은 왕복 2,900엔이다. 곤돌라에서 첫 번째로 내린 곳은 우사기다이라(兎平, 1,400m)다. 리프트를 타기 전에 아래에 있는 전망대로 간다. 초록색 파라솔들이 나란히 꽂혀 있고 벤치도 있는 넓은 곳인데 커피를 마시며 하쿠바 마을과 마을 뒤의 산들을 동시에 볼 수 있는 최고의 장소다. 전망대인데 우사기다이라 테라스라고 적혀 있다. 이제는 안전 바(봉)만 잡고 타는 리프트를 탄다. 리프트 아래, 즉, 발아래로는 예쁜 들꽃들이 좍 깔려 있다. 오른쪽으로는 하쿠바산잔(白馬三山)이 쭉 이어져 있는 것이 보인다.

이제는 알펜쿼드 리프트로 갈아타고 오른다. 두 번째 장소는 쿠로비시다이라(黒菱平) 옆으로 '운해(雲海)데크'라고 적혀 있는 곳이 있는데, 기상 조건이 좋은 이른 아침에 구름바다를 보는 행운을 맛볼 수도 있는 모양이다. 다음 리프트를 타러 가는 길에는 습지가 있고, 습지 안에 웅덩이같이 작은 카마이케(鎌池)가 있다. 또다시 조금 더 걸어서 '그라트쿼드 리프트'로 갈아탄다.

핫포이케산소(八方池山莊, 1,830m)는 등산로 시작점인데 식당과 숙소도 마련된 곳이었다. 등산객들과 관광객들이 함께 출발하는 곳이라 왁자지껄하다. 등산로는 최소한의 정비만 해두어서 오히려 더 좋다. 위험 요소가 없다면 요란하게 나무 데크나 야자 매트를 많이 설치할 필요가 없다고 생각한다.

케른(Cairn, 이정표로 쌓은 돌탑)이라는 것을 알게 되었다. 우리나라의 원뿔 모양의 돌탑과 비슷하다. 그냥 보는 즐거움을 위해 쌓은 것이 아니고 등산 거리를 알려주기 위해 세운 것이다. 핫포(八方)케른의 경우, 2,035m의 높이와 산장에서 이 케른까지의 거리가 2,600m, 케른에서 핫포이케(八方池)까지의 거리가 350m로 표시되어 있다.

▶ 날씨가 좋아서 유명한 '하쿠바 3산'의 봉우리들이 분명하게 보인다.

드디어 나가노현 관광 팸플릿에 많이 등장하는 핫포이케(八方池)에 왔다. 분화구는 아닌 듯하고 움푹 들어간 곳인데 눈이 녹거나 빗물이 고여서 된 못으로 보인다. 한 바퀴 빙 돌아볼 수도 있다. 건너편에는 삼각대에 카메라를 장착한 사진을 취미로 하는 어르신의 무리가 있다.

▶ 왼쪽으로 카라마츠다케로 가는 능선길, 가운데에 작게 보이는 핫포이케(八方池)

바람이 없으면 눈에 쌓인 산봉우리가 잘 찍힐 것 같은데 오늘은 물결이 살짝 일렁이고 있다. 환상적인 장소다. 못 주위에는 언덕처럼 올랐다가 내려갈 수도 있고 옆에는 작은 습지도 있으며 사방으로 조망이 트여 있다. 못 가장자리의 언덕 위에는 넓은 돌이 많아서 음식을 먹으며 쉬기에 좋다. 거의 40분 정도를 이곳에서 보냈다.

▶ '하쿠바 3산'의 봉우리들이 늘어선 아래로 '핫포이케'가 있고 굽어진 등산길도 보인다.

또 욕심을 낸다. 카라마츠다케(唐松岳)로 가는 길로 조금만 가보자. 모두 못에 머물러 있고 나 혼자 등산길로 간다.

길의 폭도 둘이 함께 걷기에는 힘들 만큼 좁아진다. 호젓하다고 할까. 혼자 독차지해서 좋다고 할까. 거기다 가느다란 풀 사이로 들꽃이 지천이다. 아래로는 핫포이케가 웅덩이처럼 작게 보이고 사람들도 개미처럼 보인다. 능선 길이 끝나고 갑자기 나무 숲길이 나왔는데, 자작나무 같기도 하고 낙엽송 같기도 한, 줄기가 흰색의 나무인데 춤추는 사람 허리 모양이어서 더 눈길이 간다. 자작나무라고 예상했는데 사스래나무(岳樺)였다.

▶ 경사면에 쌓인 눈이 녹지 않고 남아 있는 '오오기셋케', 여름 등산에도 맛보는 별미다.

오오기셋케(扇雪溪, 2,300m)가 나왔다. 한여름에도 눈이 남아 있는 경사면이고 맨 아래로는 납작한 바위들이 깔려 있어 휴식처로도 좋은 곳이다. 넓이는 70m, 높이는 60m 정도로 눈이 쌓여 있다. 설계를 바라보며 조금 쉬다가 다시 가파른 오르막을 오른다.

마루야마(丸山) 케른에 왔다. 할머니 한 분이 쉬고 계셔서 깜짝 놀랐다. 바람이 불어 으슬으슬 추워진다. 헉! 확실히 고지대인가 보다. 긴 옷을 입었는데도 춥다. 할머니께서 사진을 찍어달라고 부탁해서 얼른 찍어드리고 나도 한 장 찍어달라고 했다. 일본 할머니께서 여러 가지를 물으셨지만 짧게 대답하고 왔던 길로 내려간다. 조금 미안했다.

▶ 보라색 들꽃, 비취색 못, 병풍처럼 둘러선 설산의 봉우리. What a Wonderful World!

▶ 짙은 비취색을 뿜내고 있는 핫포이케

▶ 물결이 없으면 못에 하쿠바 삼산 봉우리가 반영된다.

▶ 설산 봉우리가 못에 데칼코마니로 비치는 장면을 위해 사진가들은 여러 번 이곳에 온다.

▶ 가운데 봉우리 아래로 하쿠바 마을이 보이고 하늘의 구름이 유유히 떠다닌다. 오른쪽의 엉겅퀴마저도 사진을 도와준다.

▶ 들꽃이 있는 곳이 사진가들이 촬영하는 곳이다.

마루야마 케른에서 1시간 20분 정도를 걸으면 카라마츠다케(唐松岳)에 도착할 수 있다. 내년에는 꼭 카라마츠다케 정상 산장에서 하룻밤을 자고 정상을 밟은 후, 주위를 좀 둘러보고 하산할 것이다.

'하쿠바'는 스위스의 인터라켄과 비슷하다. 이곳에서 여러 산으로 갈 수 있고 각종 액티비티를 즐길 수 있다. 겨울에는 '스키의 천국'으로 변해 숙소 잡기가 어려울 정도라고 한다.

## 3부

# 베트남

# 사파, 마피랭 스카이워크(Mapileng Skywalk)

'마피랭 패스'라고도 부르는 고산 지대 트레킹코스이기는 하지만, 조금 거친 아스팔트 길이어서, 오토바이를 타고 갈 수도 있다. 덜컹대는 버스를 타고 고산 지대를 꼬불꼬불 돌아서 등산로 입구에 도착했다. 사장에서 메오박(Meo Vac)까지의 길을 '행복의 길'이라고 부른다. 험준하고 위험한 이곳에 접근할 수 있도록 만든 길이기 때문이다. 하지만 역설적으로 행복의 길을 만들기 위해 하장성 일대의 청년들이 죽기도 했다. 그러나 정부의 강요가 아니라 그들이 스스로 나서서 했다는 이야기를 듣고 감사하지 않을 수 없었다. 그들의 수고와 희생이 없었다면 우리 일행은 이런 멋진 경치와 트레킹은 꿈도 꾸지 못했을 것이다.

▶ 트레킹을 시작하는 입구의 모습

▶ 높은 고산 지대에 있는 레스토랑 겸 카페다. 트레킹 하는 분들이 많이 온다는 증명이리라.

트레킹 입구에는 도로 건설을 위해 희생한 젊은이들을 기리는 동상과 유령비가 있고 작은 카페도 있었다. 짐은 차에다 두고 물 한 병만 들고 가볍게 걷는다. 길 아래에는 엄청난 낭떠러지이고 차들이 다니는 작은 길이 보인다. 물안개가 주위의 산봉우리를 감싸며 돌고 있어 꿈속 장면을 보는 듯하다. 넓었던 길은 차츰 좁아지고 두 채의 집이 있는 곳에서 왼쪽으로 꺾어서 돌아간다. 걸어온 길 쪽의 경치는 물론이고 작은 마을이 조그맣게 보이는 까마득한 아래 경치도 멋지다.

▶ 까마득한 절벽 위의 길이고 안전 가드레일도 없는데 오토바이가 다닌다.

▶ 뾰족한 초콜릿 모양의 산이 보이는 곳에서, 길은 270도로 굽어져 뻗어간다.

▶ 중국의 계림과 비슷한 경치

▶ 돌로 된 산봉우리라 큰 나무가 거의 자라지 못해 우리나라 산 경치와 사뭇 다르다.

▶ '맘다히봉'으로 오르며 본 경치. 오른쪽 경치는 중국의 계림을 떠올리게 한다.

▶ 고산 지대의 마을이 깊은 계곡 안에 자리 잡고 있다.

▶ '맘다히봉'에서 오른쪽을 바라본 경치, 계속해서 고산 지대로 이어지는 길이 보인다.

최종 목적지에 다다랐다. 나무가 거의 없는 뾰족뾰족한 돌들로 이루어진 높은 봉우리다. 일행 중 먼저 오른 분들은 포토스팟인 툭 튀어나온 바위 위에 올라서서 사진을 찍고 있다. 희망의 선반, 희망의 돌출 바위라는 뜻을 가진 맘다히봉(Mam da hy vong)이다. 아래에서 보니까 아찔한 느낌이 든다. 노르웨이의 트롤퉁가(Troltunga, 악마의 혀)와 비슷한 모양이다. 겁쟁이는 얼른 포기하고 반대 방향으로 고개를 돌렸다. 길은 계속 이어지고 밭들도 보인다.

바위산에서 길로 내려가는 곳에는 작은 들꽃들이 많이 피어 있어 앙증맞음을 뽐내고 있다. 서서히 물안개가 걷히고 처음 걸을 때 못 봤던 완전한 산봉우리의 모습을 볼 수 있다. '아! 세상은 정말 크고 볼 게 많구나. 베트남에 이런 멋진 곳이 있었나?'

# 닌빈, 항무아(Hang Mua)

하노이에서 닌빈으로 왔다. 버스 창밖으로 보이는 풍경은 중국의 계림, 라오스의 방비엔 지역을 연상시킨다. 강물이 흐르고 산봉우리들이 우뚝우뚝 떨어져서 서 있는 모습이다. 마피랭트레킹도 최고였는데 오늘 또 다른 트레킹을 한다고 생각하니 가슴이 두근거린다.

▶ 버스에서 내려 항무아로 걸어가는 길에는 화려한 전통 장식들이 마련되어 있다.

▶ 우뚝 솟은 봉우리를 배경으로 '영어'로 표기된 안내 글자가 너무 반가웠다.

▶ 돌계단 중간 부분에서 숨을 고르며 바라본 경치

▶ 습지와 강 사이에 길이 있고 우뚝우뚝 솟은 봉우리들이 절경을 이룬다.

▶ 계단 옆으로 안전 가드레일의 역할도 하는 긴 용의 조형물이 멋지다.


　입구에서 항무아 전망대 입구까지 가는 길에는 작은 연못도 있고 멋진 조형물이나 지역 이름을 적어 놓은 글자가 적힌 간판들도 있어서 바라보는 재미가 쏠쏠하다. 외국인들도 많이 보이고 모두 들뜬 마음이다. 등산로 입구에는 계단 가장자리를 용 모양으로 만들어 놓아서 신기한 분위기를 풍기고 있다. 전망대에 오르려면 486개의 계단을 밟고 올라가야 한다. 중간의 갈림길에서 왼쪽으로 가야 더 높은 곳에 갈 수 있다.

▶ 왼쪽 정상으로 가면서 오른쪽으로 갈라져 올라가는 곳을 본 경치, 연밭과 벼가 심어진 논이 산봉우리 양옆으로 보여서 더욱 좋았다.

▶ '천하절경'이 세계 곳곳에 있겠지만 베트남의 절경은 바로 이곳이 아닐까?

▶ 계단 오르기를 포기하고 밑에서 기다리는 분들이 이 경치 사진을 본다면?

 전망대에 올라 걸어왔던 방향을 바라보면 가지 않았던 오른쪽 봉우리 꼭대기에 작은 탑이 보이고 산봉우리 좌우로 햇살에 빛나는 논들이 보인다. 감탄하지 않을 수 없는 절경에 눈이 휘둥그레진다. 올라왔던 방향, 정면을 바라보면 산봉우리들이 이어진 사이로 강이 흐르고 강 옆으로 논이 이어져서 그림의 소재가 될 것 같다. 화가인 인생 선배에게 사진을 전달하면서 그림을 그려보라고 말하고 싶다.

## 4부

# 미국

# 하와이 트레킹(Hawaii Trekking)

## 다이아몬드 헤드(Diamond Head)

하와이는 정확하게 말하면 하와이제도(諸島)이다. 즉, 여러 섬으로 이루어져 있는데 제일 큰 섬 하와이(The BigIsland)를 대표로 하여 그냥 하와이라고 통상 부른다. 사람들이 많이 살고 공항이 있고 와이키키 해변이 있는 곳은 사실 하와이섬(현지인들은 빅 아일랜드라고 부름)이 아니라 오아후섬이다.

오아후에서 놓치지 말아야 할 트레킹이라면 단연 '다이아몬드 헤드 트레일' 이다. 다이아몬드 헤드 주립 유적지 안에 마련된 트레일은 관광지 와이키키에 서 가까울 뿐만 아니라, 비교적 짧은 코스로, 왕복 1시간 30분에서 2시간 정도 면 멋진 전망을 마음에 담아올 수 있어서이다. 오아후의 여러 해변에서 물놀이 를 즐기며 육지 쪽을 바라보면 다이아몬드 헤드의 옆 부분이 삐죽하게 나와 있 는 것을 볼 수 있다.

접근 방법은 와이키키 쇼핑 플라자에서 블루 라인 트롤리(Bule Line Trolley)

를 타고 터널 입구에서 하차하거나 와이키키 쿠히오 거리에서 더 버스(The Bus) 2번이나 23번을 타고 유적지 표지판 근처 정류장에서 내린다. 렌터카 하는 것도 힘들고 스스로 찾아가는 것도 귀찮다고 생각되면, 현지 여행사의 일출 예약 프로그램이나 트레일 프로그램에 참여하면 된다. 버스가 지정된 숙소로 픽업하러 오고 트레킹이 끝나면 숙소에 내려준다.

숙소에서 거리로 나와 23번 버스를 타고 유적지 표지판이 보이는 정류장에서 내린다. 9시에 버스를 타고 가는 트레일이라 사실은 다른 분들이 줄줄이 내리는 것을 보고 따라 내린 것이다. 시내에서 20분 정도 걸린 것 같다. 알라모아나 쇼핑센터에서 버스를 탄다면 20번 버스를 타도 되는 것 같다. 렌터카로 시작한다면 구글맵에서 'Kahala Look Out'으로 검색해야 한다. 'Diamond Head Look Out'으로 검색하면 차를 세우고 트레킹 입구까지 걸어서 가야 한다. 차를 몰고 왔으면 분화구 내 비지터 센터 앞에 주차하고 쉽게 등산할 수 있는데, 뚜벅이처럼 트레일을 시작한다는 것은 상황에 맞지 않는 장면이 연출되기 때문이다.

예전에는 예약 제도가 없었기에 그냥 매표소에서 5$를 내고 티켓을 받아 들어갔는데 이제는 반드시 공식 홈페이지(gostateparks.hawaii.gov)에 들어가서 예약해야 한다. 주차비는 10$로 나와 있었다. 여러 곳의 예약 중 'Diamond Head State Monument'를 선택하면 된다. 도보일 경우에는 Entry를 클릭하고 렌터카일 경우에는 Parking and Entry를 클릭해야 한다. 다음으로 예약자의 기본정보를 입력하면 확정 내용이 메일로 오는데, 나중에 QR코드와 예약 정보를 보여주고 입장하게 된다.

부지런한 분은 10시가 지나면 햇살이 강하니까 일출을 보려고 이른 아침 시간으로 예약하고 간다. 버스에서 내리니 커다란 야자나무 한 그루와 'Diamond Head Crater'라고 고동색 바탕의 노란 글씨와 화살표가 있는 표지판이 트레일의 입구를 안내한다. 아스팔트 길 오른쪽으로는 다이아몬드 헤드의 웅장한 옆모습이 조금 보인다.

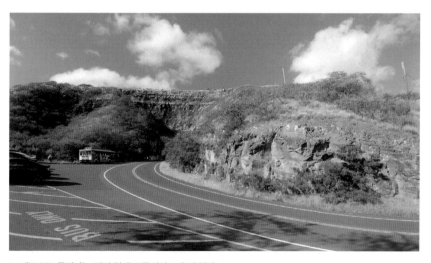

▶ 매표소로 들어가는 터널 앞에 트롤리버스가 서 있다.

굽어진 아스팔트 길을 따라 걸으면 본격적인 등산은 시작도 하지 않았는데 바다가 보이고 부산처럼 산기슭에 옹기종기 붙어 있는 집들이 보인다. 높은 곳으로 올라갈수록 집값이 비싸다고 하니 우리의 생각과는 반대여서 흥미롭다. 경사도가 있는 도로로 계속 진행하면 작은 터널이 나온다. 이 터널을 지나면 입장을 체크하는 곳이 있다.

▶ 오른쪽에 비지터 센터가 보인다.

입장 절차를 끝내고 주차장을 끼고 비지터 센터 광장을 지나 등산을 시작한다. 거대한 원형 경기장 안에 들어온 기분이다. 분화구의 높은 벽들이 병풍처럼 쫙 둘러싸서 이런 기분을 만든다. 화산 활동으로 생긴 거대한 분화구로 분지의 형태를 하고 있다. 제주도의 성산일출봉이나 한라산 백록담의 분화구 이미지가 금세 떠오른다. 요새로 쓰이기도 하고 지금도 내셔널 가드 본부가 있는 곳이라 정상(전망대)으로 가는 길에는 시멘트 통로와 좁은 터널도 있다. 오전부터 많은 관광객이 몰려왔다. 어린이부터 어르신까지 다양한 나라 사람들로 광장이 북적거린다.

아프리카 초원 같은 분위기의 길을 다 걷고 나니 분화구의 뾰족한 봉우리가 완연하게 보였다. 저곳이 '다이아몬드 헤드'라고 불리는 곳이다. 1825년 영국 선원들이 반짝이는 저곳(Point)을 보고 다이아몬드인 줄 알았는데 나중에 암석이었음을 알게 되었다는 이야기에서 '다이아몬드 헤드'라는 이름이 생겨났단다.

▶ 본격적인 등산로 입구인 비지터 센터, 많은 사람이 나오고 들어간다.

꾸불꾸불한 흙길 끝부분에 대형 표지판이 있다. 'Loop Trail to Summit', 'Going left is recommended' 정상까지 가는 길인데, 99계단을 통과하여 가파르게 오를래? 시간 조금 더 걸려도 편한 왼쪽으로 갈래? 쉬운 코스는 화살표로 표시하고 있다.

▶ 좁은 터널을 통과하기 전 뒤돌아본 경치

▶ 터널 통과 후 호놀룰루와 등대를 바라본 경치

▶ 정상에 서면 거대한 분화구 전체의 모습을 파악할 수 있다.

▶ 거쳐온 벙커가 있는 풍경

당연히 힘들더라도 빠르게 가는 코스로 오른다. 시멘트로 된 통로와 어둡고 답답한 터널을 지나 전망대에 다다랐다. 시원하게 불어오는 바닷바람이 수고했다고 칭찬하며 온몸을 휘감고 지나간다. 벙커 옆으로 타원형으로 펼쳐진 와이키키와 시내가 훤히 보인다. 부잣집들이 산다는 한반도 모양의 산허리와 그 아래의 하와이 카이 마을도 분명하게 보여서 전망이 더할 나위 없이 좋다. 하와이에서 바다 구경만으로 단조로움을 느낀다면 꼭 오아후의 이 트레킹을 해보라고 권하고 싶다. 왼쪽으로 가파른 데크 계단을 타고 내려와 비지터 센터 광장으로 왔다. 파인애플 스무디를 사서 마신다. 커다란 파인애플의 속을 파내고 시원한 스무디를 넣은 후 둥근 귀퉁이에 파인애플 한 조각과 보라색 난초 꽃을 꽂아주는데 예쁘기도 하고 맛도 좋아 가성비가 그만이다. 옆에는 간단한 공예품과 기념품을 파는 곳도 있다. 토요일에는 'KCC 파머스마켓'이 열리는데 각종 먹거리들의 잔치가 열린다고 한다.

▶ Diamond Head Crater(LE'AHI), Kahala Look Out 넌 최고였어.

## 마카푸우 포인트 등대(Makapu'u Point Lighthouse)

하와이에 가서도 등산한다는 거야? 와이키키 해변이나 멋진 유명 브랜드의 가게들, 맛집 순례를 해야 하는 것 아니야? 산행을 중심으로 하와이 여행을 한다는 말에 친구가 의아한 표정으로 건넨 대답이다. 후훗! '다이아몬드 헤드 트레일'로 오아후 트레킹의 진한 맛을 본 후 2차 트레킹으로 마카푸우 등대 트레킹코스를 선택했다.

오아후섬의 대표적인 드라이브 코스 두 개 중 하나는 72번 도로를 달리는 동부 루트이다. 하나우마 베이, 하와이 카이 전망대, 할로나 블로우 홀, 마카푸우 전망대, 씨라이프 파크, 카일루아 비치 등 구경할 곳이 무궁무진하다. 이 코스는 트레킹을 시작하기도 전에 버스 창가로 유명한 곳들을 거의 다 볼 수 있다. 트레킹을 끝낸 후 일정을 잡거나 다음날 여행 코스의 예비 답사로도 좋은 셈이다. 거기다 입장료도 주차료도 없으며 아스팔트로 포장이 되어 있어 유모차를 끌고 오거나 아이들을 데리고 가볍게 트레킹을 즐길 수 있는 곳이다.

▶ 전망대 정상까지 거의 아스팔트로 포장되어 있어서 아주 편리하다.

겁을 먹고 렌터카를 하지 못한 뚜벅이는 오늘도 23번 버스를 탔다. 트레일 시작점 앞에 버스가 안 서고 '씨라이프 파크'까지 가버리면 어떡하지? '할로나 블로우 홀'을 지나면서부터는 즐거운 마음이 불안해진다. 휴! 다행히 버스가 입구 근처에 선다. 야호! 쾌재를 부르며 버스에서 내린다. 약 2.5km, 왕복 1시간 정도로도 끝낼 수 있는 거리다. 물론 휴대폰으로 온갖 풍경을 담느라 30분 정도를 더 소비하겠지만 말이다.

▶ 오른쪽에 슬쩍 보이는 비포장길은 '펠레의 의자(Pele's Chair)' 바위와 바다로 가는 길이다.

▶ 왼쪽으로 코코헤드, 오른쪽은 패러글라이딩 출발점이 있는 산

이곳에는 주차 장소가 그렇게 넓지는 않아 갓길에도 주차한다는데 벌칙금을 내라는 경우는 없다고 한다. 그런데, 허걱! 차 안에 물건을 두면 안 된단다. 무서운 도둑님들이 차 유리를 깨고 물건을 훔쳐 가기도 한단다. 주의 간판에 그렇게 쓰여 있는 것을 보고 놀라서, 렌터카 안 한 자신을 오히려 칭찬했다. 하긴 팔이 안으로 굽지 밖으로 굽지는 않으니까.

트레일에 그늘이 없으므로 모자를 쓰든지, 시간대를 바꾸는 지혜가 필요하다. 바람이 불어서 덥지는 않았지만 바람이 세게 불 때는 모자가 날아가기도 한단다. 길 아래쪽 비포장도로로 길을 몇 사람이 걷고 있다. 나중에 조사해 보니 '펠레의 의자(Pele's Chair)'라고 불리는 유명한 바위로, 마카푸우 지역의 숨은 비경인 해변으로 가는 길인데, 현지 사람들만이 아는 비밀 장소와 같은 곳이다. 바구니에 돗자리와 음식 등을 담아 가지고 가서 한나절을 쉴 수 있는 피크닉 장소로도 좋다. 욕심이 생긴다, 한 번 더 하와이에 오면 음식을 잔뜩 들고 가고 싶다.

여기서 펠레는 유명 축구선수가 아니라 하와이제도를 만들었다는 신화 속 인물 펠레 여신이다. 검은 바위는 등받이가 있는 의자 모양을 닮았는데 펠레가 여기에서 오아후섬을 만들었고 마우이, 카우아이섬으로 떠나기 전에도 여기서 쉬었다고 한다. 마카푸우 트레일은 근처에 상업 시설이나 샤워 시설, 화장실 등이 없는, 그냥 산과 바다만 있는 순수 자연 지역이다. 물과 음식을 준비하고 옷차림을 생각해 보는 등 궁리가 필요하다. 물론 트레킹 후에는 '씨라이프 파크'에 있는 식당에 가서 음식을 사 먹을 수는 있다.

시계 반대 방향으로 틀어서 아스팔트 길을 오르는데 아래로 바위에 둘러싸인 곳이 예쁘게 보인다. 타이드 풀(Tide Pool)이라는 곳이다. 올 트레일즈(All trails)에서는 '타이드 풀'이 폐쇄되었다고 나오지만 내려가서 즐기는 분들도 많다. 그렇다, 사고 예방을 위해 일단 막는다고 경고하고 그래도 내려간다면 그것은 선택한 사람의 책임으로 두면 된다. 바위에 둘러싸여 바닷물이 고여 있는데 하트 모양으로 예쁘게 보였다. 몇 사람만의 전세 바다 수영장이니 얼마나 신나는 일인가?

▶ 정상에서 바라본 토끼섬과 거북섬

이것뿐이 아니다. 12월에서부터 5월경에는 혹등고래(Humpback Whale)도 볼 수 있다고 한다. 망원경까지 설치해 놓았다. 몇 사람은 망원경을 이리저리 돌리며 고래를 찾고 있다. 하긴 어마어마한 크기의 고래이니 나타나면 충분히 볼 수 있겠다는 생각이 든다. 망원경을 쓰지 않고서도 볼 수 있지 않을까? 혹등고래는 이곳에 와서 짝짓기한 후 새끼를 낳고 기르다가 다시 돌아간다고 되어 있다.

올라오는 길이 그리 힘들지는 않았지만 내려다보면 현기증이 날 정도로 아찔하다. 절벽 아래에는 빨간색 지붕의 등대가 있으나 트레일 길로는 내려갈 수 없고, 아마도 '펠레의 의자' 방향으로 가다가 왼쪽으로 틀면 접근할 것 같다. 하지만 철문으로 막아서 밖에서는 볼 수 있지만 등대 안으로는 들어갈 수 없다. 182m의 절벽 위에 세워진 등대가 아주 작게 보인다. 에휴! 좀 중간 정도까지라도 길을 만들어 등대를 보게 해주지. 쯔쯔!

▶ 개인 전용 Pool이 될 것 같은 귀여운 'Tide Pool'이 아래로 보인다.

▶ 절벽 아래 빨간 지붕을 가진 등대, 왼쪽 큰 섬이 토끼섬이고 작은 섬은 거북섬

정상에서는 오아후의 동쪽 바다가 보인다. 오아후의 바다는 북쪽은 노스쇼어, 남쪽은 와이키키, 서쪽은 코올리나인데 이 4면의 바다 가운데 동쪽 바다가 최고라고 한다. 탄산수 색깔과 매우 비슷한데, 해변 쪽에는 연하고 바다 가운데로 갈수록 진한 민트 색깔을 뿜어내고 있다.

내려가는 길이 엄청 짧게 느껴진다. 경사도와도 관계가 분명히 있겠지만, 모르고 오르는 불안함과 걱정이 사라져서 그런 것 같다. 흐물흐물한 줄기의 선인장도 보이고 줄기가 가늘고 꼬불꼬불한 나무들도 있다. 앗! 그런데 이 나무 사이에 빨간 볏 모양을 단 새들이 있다. '코콕구리'란다. 크기가 작아서 눈을 크게 뜨고 유심히 보지 않으면 울음소리를 들어도 쉽게 찾을 수 없다. 몸 색깔이 나무줄기와 너무 비슷해서 빨간 머리를 못 본다면 어디에 있는지 어리둥절해질 것이다.

▶ 울음소리를 듣고 여러 번 고개를 돌려 겨우 찾아낸 빨간 볏을 가진 '코콕구리'

슬슬 배가 고파온다. 물만 가져와서 '씨라이프 파크'에 가서 점심을 먹기로 한다. 일곱 색깔로 빛이 난다는 '마카푸우 비치' 너머로 두 개의 섬이 나타난다. 큰 쪽이 토끼섬이고 조금 검은빛이 나는 쪽이 '거북섬'이다. 오래전 토끼의 번식력을 감당하지 못한 주민이 토끼를 모두 큰 섬에 가두었다는 이야기가 있고 누운 토끼 모양을 닮아서 이름을 그렇게 지었다는 이야기도 있다. 언뜻 봐서는 멍멍이가 수영하려고 물에 몸을 담그고 얼굴만 하늘로 내밀고 있는 듯하다. 원주민 언어로 토끼섬은 마나나(Manana), 거북섬은 카오히카이푸(Kaohikaipu)라고 불린다.

▶ 조용하게 즐길 수 있는 '마카푸우 해수욕장', 토끼섬과 거북섬을 가까이에서 볼 수 있다.

마카푸우 전망대가 있는 산 위에 색색의 패러글라이더가 춤을 추고 있다. 전망대에서는 뛰어내리는 시설물이 안 보였는데, 아하! 전망대 맞은편, 도로 너머의 산에서 출발하여 전망대 위로 날고 있는 것 같다. 하얀 모래가 반짝이는 비치에는 해수욕하는 사람들과 '부기 보드'를 즐기는 사람들로 평일인데도 한산하지는 않다. '부기 보드'는 기존의 '서핑 보드'를 할 때처럼 보드 위에 서지 않고 배를 깔고 누워서 하는데 휴대하기도 간편하다. 지역에 따라 확실히 놀이문화가 다르다는 것을 깨닫는다.

▶ 건너편 산에서 패러글라이딩으로 날아올라, 해수욕장과 등대, 산 주위의 경치를 즐긴다.

'Beach Boys'라는 식당에서 점심으로 소시지와 팬케이크 모둠을 먹은 후 디저트로 소프트아이스크림을 먹었다. 씨 라이프 파크(Sea Life Park)는 해양놀이 공원인데 하와이 대학 해양지질학과의 연구소로도 쓰인다고 한다. 식사 후 슬슬 돌아다니다가 앵무새로 사진을 찍어주는 분을 발견했다. 몸짓으로 사진을 찍어준단다. 얼마를 냈는지는 모르겠는데 여러 마리의 앵무새를 팔과 머리에 얹어서 사진을 찍어주었다. 서너 마리가 어깨와 팔 위에 앉았는데 제법 무게가 느껴졌다. '살다 보니 재미있는 경험을 하는구나'라는 생각이 들었다.

마카푸우 비치로 내려오니까 검은 현무암이 똥 무더기처럼 늘어져 있고, 진한 녹색의 도톰한 잎을 가진, 모래사장에 바짝 붙은 바닷가 식물이 존재감을 나타낸다. 토끼섬과 거북섬도 크게 보이고 흰 물보라를 일으키며 파도가 다가온다. 비치 옆에 텐트를 치고 웃통을 홀렁 벗고 자연을 즐기는 분들도 있다. '네가 가라 하와이!' 과연 자연의 천국임을 느낀다.


## 코코헤드(Koko Head)

다이아몬드 헤드와 마카푸우 두 개의 트레일을 해봤으니 이제 빡센 트레일에 도전해야 한다. 이 트레일은 오아후의 트레일 중 가장 힘들다. 코코헤드는 72번 해안 도로를 따라가다가 만나는 최고의 관광지 하나우마 베이 반대편에 있는 원뿔 모양의 분화구이다. 분화구 정상까지 1,084여 개의 계단을 따라 올라간다. 제2차 세계대전, 정확하게는 태평양 전쟁 당시, 분화구 정상(코코헤드)에 군수 물자를 운반하던 철길을 따라 오르는 것이다. 100단위씩 철길 옆에 숫자가 붙어 있다는데, 헉헉대며 오르는 데 정신이 빠져서, 그 숫자를 보지도 못했다. 등산로 초입에서 바라본 모양이 후지산을 닮아서 일본인 관광객의 인기 포토존이 되는 곳이다.

산행 거리는 그렇게 길지 않으나 내리막이 전혀 없는 계속 급경사의 철도 선로를 따라서 올라야 하기에 힘든 트레일이 된다. 거기다가 울퉁불퉁한 곳도 있고 선로 아래로 땅이 푹 꺼져서 선로가 번쩍 허공에 뜬 곳도 있다. 선로의 침목들이 부서져 있거나 썩은 침목들이 불규칙적으로 깔려 있어 보폭을 조절하기도 힘들다.

트레일은 'Koko Head Distric Park'에 위치한 주차장에 주차하거나 이 뚜벅이처럼 23번 버스를 타고 와서 시작하면 된다. 입장료와 주차료는 없다. 야구장 철책을 왼쪽에 두고 이어지는 길을 따라가면 트레일로 연결된다. 바로 눈앞에 계속해서 봉긋한 코코헤드가 보이니까 길을 잃을 걱정은 안 해도 된다. 재미있었던 장면은 전선 줄 같은 끈에 주렁주렁 걸려 있는 등산화와 운동화들이었다. '예술 작품'으로 만든 것은 아닌 것 같은데, 어려운 트레일의 상징으로 느껴져서 빙긋 웃었다.

선로의 침목들이 총총 나타나고 트레일이 본격적으로 시작된다. 굽은 길도 전혀 없다. 오로지 오르막만 있는 급격한 길이다. 마지막 3분의 1 부분은 경사가 대단해서 포기하고 내려가는 여성분들도 있다. 제법 높이가 있는 구덩이 위의 선로는 어디를 밟아야 할지, 어느 정도의 보폭으로 할 것인지, 무서움을 느끼며 생각을 정리해야 한다. 침목 옆 흙길에 앉아 몇 번이고 쉬면서 아래를 내려다본다. 와! 여기까지 왔어, 바다도 보이고 하나우마 베이도 보이고, 주차장 근처의 분화구도 보인다. 이런 경치가 있으니 조금만 더 버티자. 자신에게 격려

▶ 등산로 입구에 헌 운동화를 긴 줄에 매달아 놓았다.

▶ 급경사로 이루어진 철길 나무가 정상까지 이어진다.

의 박수를 보낸다.

그렇게 넓지 않은 길이라 내려오는 분들과 마주할 때가 많다. 그러나 서로들 조심하고 올라가는 분들이 더 많이 길을 비켜주고 내려오는 분들은 응원의 말을 해준다. 이런 세상이었다면 전쟁도 없었을 것이고 이런 급경사의 산에 철길도 없었을 터인데. 이 정도의 경사에 물건을 운반하는 철길을 만들다니 놀라움의 경탄이 나올 수밖에 없다.

정상에 닿기 바로 직전에는 벙커와 군사 시설들이 남아 있고 나무 그늘도 있다. 벙커 위에 올라가니, 공룡 한 마리가 누워 있는 듯한 '하나우마 베이 릿지'가 멋지고, 하얀 집들이 다닥다닥 붙어 있는 부자 마을 하와이 카이, 한반도 모양의 마을도 우리나라 지도 모양이라고 고개를 끄덕일 만큼 크고 분명하게 보인다. 마을 사이사이의 바다에서 패러 세일링을 즐기는 사람들도 눈에 들어온다. 이 맛에 빡센 코코헤드를 오르는 것 아닌가? 그리고 조금 쉬었다가 발걸음을 얼마 옮기지 않고 우리나라 마당바위를 닮은 넓은 곳에 자리를 잡고 털썩 앉는다. 벙커 위의 전망과 반대쪽의 파노라마가 펼쳐진다. 72번 해안 도로, 움푹 들어간 코코헤드 분화구 전체의 모양도 내려다본다. 오른쪽 분화구 줄기를 타고 해안 도로 쪽으로 내려가고 싶은 충동이 일어난다. 현지인과 동행한다면 충분히 가능할 것으로 보였다. 왼쪽 능선 위에 있는 다른 벙커에도 올라가 보고 오른쪽 능선 아래로 내려가는 길로도 걸어보았다. 소위 본전을 다 뽑겠다는 욕심이 발동했다. 힘든 만큼 보람 있는 산행이었다.

▶ 하나우마베이를 바라보면 이구아나 한 마리가 앉아 있는 모양이다.

▶ 벙커 위에서 사진을 찍고 있는 청춘들

▶ 벙커에 있는 그래피티가 나름 멋지다

▶ 산기슭 한가운데 한반도 모양의 한반도 마을이 보인다.

## 마노아 폭포(Manoa Falls)

주차장을 지나 숲길을 조금만 걸으면 'Manoa Falls Trail' 입구 표지판과 함께 트레일이 시작된다. '마노아', 부르기가 쉬워서인지 왠지 친근감이 생기는 이 말은 '아주 넓다'라는 뜻이다. 산행 후에 조사해 보니 근처에는 인공적으로 많이 꾸미기보다는 적당하게 손질하고 되도록 자연 그대로의 맛을 살리는 어마어마한 식물원도 있었다. 너무 방대해서 확실한 탐방 계획이 없으면 길을 잃을 가능성도 있다.

이 코스는 와이키키에서 차로 20분이면 올라올 수 있고 쉽게 찾을 수 있으며 오아후에서 제일 쉬운 트레일이라 부담 없이 즐길 수 있다. 거리는 약 2.6km이고 소요 시간은 1시간 30분 정도로 잡으면 넉넉하다. 정글이나 열대우림 속을 걷는 느낌이고 양쪽의 나무들이 그늘을 만들어 주어서 앞서 소개한 두 헤드 트레일보다는 시원하고 편하다. 하지만 중간쯤 걷다 보면 흙이 질퍽한 부분도 있고 둥근 돌을 살짝 피해서 걸어야 하는 곳도 있다. 이곳은 비가 많이 내리는 것으로 유명하다. 벌레들도 많아서 모기가 몸에 많이 붙는다고 들었는데 뚜벅이가 간 날은 의외로 모기가 달라붙지 않아서 좋았다.

작은 실개천 위에 있는 5m 정도의 작은 다리를 지나면 본격적인 트레일에 들어왔다고 보면 된다. 다리를 건너서 나오면 울창한 숲에 가려졌던 하늘이 열리고 넓은 공간의 운동장 같은 곳이 나온다. 물론 빙 둘러선 키 큰 나무들은 여전히 있다. '쥬라기 공원' 영화에는 머리는 작으나 목이 매우 긴 초식 공룡이 나오는데 그 공룡들이 먹은 나무들이 여기에 있는 나무들이다.

뿌리인지 줄기인지 구분이 안 되는 나무가 마구 뒤엉킨 신기한 모습도 보

▶ 줄기와 뿌리가 뒤엉켜 있는 나무

▶ 줄기와 뿌리 사이로 통로가 있다

고 인증 샷도 찍는다. 트레일의 최고 장면은 줄기가 뒤엉켜 문을 만들어 놓은 것이다. 사실 뒤엉킨 공간 사이로 사람이 길을 만든 것뿐이다. 여기서는 모두가 기념사진을 찍는다. 나무 관문을 지나면 계곡 물소리를 들으며 대나무 숲을 지난다.

마지막 돌길을 얼마간 걸으니까, 종착점에 있는 폭포가 얼굴을 내민다. 높이는 40~50m 정도이고 폭은 2m 정도로 보인다. 많은 사람이 폭포 앞 돌에 앉아 쉬기도 하고, 얘기도 하고, 사진도 찍고 왁자지껄하다. 멋진 사진을 찍는 것은 포기한다. 다녀온 후 글을 쓰려고 트레일에 관해서 검색해 보니 이제는 안쪽에 들어가지 말고 좀 떨어져서 폭포를 보라고 나무로 막아두었다. 너무 많은 사람

▶ 사람들로 북적이는 미노아 폭포가 있는 곳

▶ 마노아폭포 트레일 입구

▶ 트레일은 계속 정글의 느낌이다

이 안으로 들어가면 사진 찍기도 어렵고 돌에 걸려 넘어질 수도 있어서 이렇게 처리한 것이리라.

사실, 폭포는 트레일의 이름이 된 데 비해, 기대만큼 멋지지 않다. 트레일의 마지막 장소가 되니까 그냥 쉼터로 생각하면 좋다. 하지만 어떤가? 이곳까지 오는 길의 풍경이 대단하지 않았는가? 시내에서 가깝고 길이도 적당하고, 그늘도 많은 이 코스를 오아후에 오신 분들이 꼭 걸었으면 한다. 대표 트레일 '다이아몬드 헤드'보다 훨씬 쉬우니까, 어른들이나 아이들을 동반해도 가능하니까.

## 핑크 필 박스(Pu'u O Hulu Hike)

오아후의 트레일 코스를 검색해 보면 '필 박스(Pill Box)'라는 곳이 많이 나온다. 산 위에 남아 있는 군사 시설인 벙커를 '사각형의 약통 상자'로 이렇게 부르는데, 전쟁 당시의 길을 사람들이 오르다 보니 트레일로 된 것이다. 필 박스 트레일은 대체로 거리가 짧고 그늘이 거의 없다. 너무 길고 힘든 산행이 싫다면 오아후에서는 필 박스 트레일을 고르면 되겠다.

그중에서도 섬 서쪽에 있는 '핑크 필 박스 트레일'이 유명하다. 본래의 이름보다 '핑크 필 박스'라는 별명으로 더 많이 불린다. 벙커가 분홍색으로 칠해져 있어서 진한 파란색 바다와 멋진 대조를 만든다. 분홍색이 실제보다 더 선명하고 강렬하게 보이는 것이다. 에메랄드빛의 동쪽 바다와는 다른 서쪽 이곳은 '마이아내'라는 지역이고 그다지 사람들이 많이 찾아오는 곳은 아니다. 코코헤드보다는 쉬우나 가파르고 미끄러운 곳은 역시 조심해야 한다. 뚜벅이는 '돈키호테'라는 현지 여행사 프로그램에 참여해서 왔는데, 렌터카를 한다면 더 쉽다. 갓길에 주차해도 단속은 전혀 없다. 멋지고 화려한 동쪽의 호놀룰루에 비해 너무나 한적한 분위기다.

▶ 분홍색으로 칠한 벙커 내부에 들어갔다가 나와서 벙커 위로 올라가 보기도 한다.

　차에서 내리니 길옆의 부겐빌레아가 손짓한다. 흰색, 분홍색, 더 진한 주홍색 세 가지 색깔의 꽃이 한 나무에서 피고 있다. 태국에서도 열대 지역의 꽃인 '부겐빌레아'를 많이 봤는데, 이렇게 한 그루에서 여러 색깔의 꽃이 핀 것은 처음 봤다. 약간 지그재그식의 좁은 산길을 오르니까 고사목과 아카시아와 비슷한 잎을 가진, 해풍에 시달려 줄기가 작고 꼬불꼬불한 나무들이 많다. '미모사'로 추측하는데, 자신은 없다. 앞쪽에는 주택가 마을이 있고 엄청난 공터도 있다. 미식 축구장의 골대와 비슷한데 그것보다는 두 배는 되는 가느다란 기둥이 공터 땅에 박혀 있다. 경비행기 이착륙을 위한 시설인 것 같기도 한데 궁금증이 해결이 안 된다. 오른쪽으로는 바닷물이 들어오는 곳인지, 민물 강인지 모르겠으나 물길이 있다. 산 위에 오르니 마침내 유명한 핑크 필 박스가 보인다. 이 외에도 5개의 크고 작은 필 박스가 있었다.

　아래에 있는 필 박스 위에는 셔츠를 안 입고 우람한 근육을 내보이는 세 명의 젊은이가 있다. 트레일을 온몸으로 즐기고 있는 모습에 박수를 보낸다. 나중에 아래로 내려가서 사진을 부탁했더니 제법 멋지게 찍어주어서 더 고마웠다.

핑크 필 박스 위에서 보니 오른쪽 해안 모래가 더 밝게 빛난다. 핑크 필 박스 안에는 아직도 크리스마스트리가 남아 있다. 벙커 안에서 산 너머의 바다를 보고 사진을 찍는다. 닫힌 벙커 아래위의 벽을 사이에 두고 옆으로 길쭉하게 열린 공간 사이로 파란 바다가 들어온다. 카페 창가를 액자로 만들어 찍은 사진처럼 된다. 하하! 한 개 얻었어. 만족한 웃음을 짓는다.

주인공 핑크 필 박스를 내려오면 탱크 같은 모양에 칙칙한 회색과 검은색으로 칠해져 있고 난잡한 그래피티가 있는 필 박스도 있다. 그래도 나름 빈티지의 멋은 있다.

마을을 둘러싸고 있는 건너편 산에는 나무가 거의 없는 돌산들이 연결된 거대한 산맥이 있다. 위아래로 골짜기 선들이 대단한데 유명 관광지인 '코알루아 랜치'와 많이 닮았다. 거대한 병풍이 옆으로 좍 펼쳐져 있다.

▶ 핑크 필 박스 앞에 근육질의 사나이가 바다를 내려다보고 있다. 하늘엔 환상적인 구름이!

　　이제는 핑크 필 박스 위에 있는 또 다른 필 박스를 향해 간다. 허걱! 조금 전 봤던 젊은이의 근육은 저리 가라는 듯 흑인 아저씨 한 분이 우람한 알통 근육을 뽐내고 있다. 프로 레슬러 같은 분위기다. 캬! 남자의 몸이 저렇게 멋있었나! 부럽기만 하다.

▶ 여러 벙커 중 탱크 모양으로 보이는 이 벙커가 외향적으로는 제일 멋있었다.

▶ 맨 마지막에 보이는 벙커까지 갔다가 되돌아간다. 사람들이 거의 없어서 더욱 좋았다.

내려오다가 트레일을 같이 시작한 일본 여성분을 다시 만났다. "어땠어요" 하고 물었더니 특유의 간드러지는 목소리로 억양을 높여서 "(さいこうでした. 최고였어요! )"라고 한다. 그러면서 내게 일본어를 잘한다고 칭찬을 해주었다. 멋진 사진도 얻고 칭찬도 듣고, 최고의 경치도 보고, 오늘도 최고의 산행이 되었다.

# 그랜드 서클(Grand Circle) 트레킹

미국 중부의 국립공원을 찾아 원 모양으로 한 바퀴 돌아보는 여행을 '그랜드 서클'이라고 한다. 네바다주에 있는 라스베이거스를 시작으로 애리조나, 유타, 콜로라도, 뉴멕시코를 한 바퀴 도는 일정이다. 체력과 계절을 고려하여 접근이 가능한 트레킹을 하려고 한다. 유명 여행사를 통한 일정이 아니고 밴드(인터넷 모임 공간)의 동호인들이 모여서 2대의 캠핑카를 빌려서 숙식을 해결하는 일정이다. 남성 7명(리더 2명 포함), 여성 6명으로 구성되었는데 리더들을 제외하고는 대부분 60대 이상의 분들이다.

## 벨락(Bell Rock)

세도나(Sedona)는 애리조나주 야바파이 카운티(Yabapai County)에 있는 도시인데 상당히 유명한 휴양지이다. 카운티는 자치주나 자치군을 말한다. 도시 대부분이 붉은 사암으로 이루어져 있고 웅장한 바위산들이 도시를 감싸고 있어 경치가 그만이다. 원래는 아메리카 원주민들이 성스럽게 여기며 살았던 곳으로 명상이나 영적 체험을 하려고 일부러 찾아오는 곳이기도 하다. 원주민들이(나바호족, 야바파이족, 아파치족 등) 그랜드캐니언 등지로 밀려나고 사람들이 정착하기 시작했으므로 세도나로 시작하는 역사는 그리 오래되지 않았다. 도시 이름을 지어야 하는데 마땅한 이름이 없어서 우체국장 이름(쉬네블리)으로 부르다가 발음이 어렵다고 국장의 아내 이름을 따서 '세도나'라고 부르고 있다고 하니 재미있다는 생각이 들었다.

지구상에는 강력한 전기 파장인 볼텍스(Voltex)가 흐르는 신기한 곳이 있다고 하는데 이곳 세도나는 아픈 사람이 이곳에 와서 병을 고쳤다는 이야기가 있을 정도로 기(氣)가 충만한 곳이다. 지구에는 21개의 볼텍스가 있다고 하는데 이 중 5개가 세도나 국립공원 안에 있으며, 그중에서 가장 강력한 볼텍스가 있는 곳이 트레킹 하려고 하는 벨락(종바위)이다. 치유력을 얻으려는 명상가, 영감을 얻으려는 예술가들이 세도나로 많이 모여들어서 이국적이고 독특한 문화를 만들고 있다.

하단부가 넓게 펼쳐진 종 모양의 바위 벨락은 높이 1,499m로 세도나를 대표하는 랜드마크이다. 차를 타고 올 때는 아주 작게 보였는데 주차장에서 내려서 바라보니 제법 높게 보인다. 하긴 거의 1,500m 높이니까 가까이 가면 웅장함에 더욱 놀랄 듯하다. 전체적으로 보면 바위산의 지층이 완만하게 여러 겹으로 감겨 있는 모양인데 거대한 달팽이 집이 연상된다. 원주민들은 이곳이 남성적 에너지가 발산되고 북서쪽에 있는 보인턴캐니언(Boynton Canyon)에는 여성적인 에너지가 나와서 이 지역이 에너지의 어울림이 좋다고 믿어 왔다.

▶ 트레킹 안내 표지판에서 바라본 벨락

▶ 우리나라 메꽃을 닮은 하얀 꽃이 융단처럼 깔려 있다.

왕복 1.5km 정도로 1시간 정도의 시간을 예상하고 트레킹을 시작한다. 목표물이 바로 눈앞에 보이니까 헷갈릴 염려는 없다. 붉은 바위를 밟고 올라가는 기분이 묘하다. 조금 올라왔을 뿐인데 사방으로 경관이 엄청나다. 오른쪽 도로 건너편에는 캐슬 락(Castle Rock)이 거대한 병풍 모양으로 서 있고 뒤로는 세도나 시내 뒤에 있는 산맥들이 보이고 왼쪽으로는 코트하우스 뷰트(Courthouse Butte, 1,660m)가 우뚝 서 있다. 붉은 황무지이지만 나무와 꽃들이 자란다. 일일이 이름을 조사하고 싶었으나 시간의 제약이 있어서 사진으로만 찍는다. 특히 향나무(Cedar)가 많은데 줄기들이 빙빙 꼬이면서 자라는 모습을 보인다. 향나무의 고사목 줄기를 보면 확실히 볼텍스(Vortex)가 발산되는 모양이다. 하긴, 과학을 중시하는 미국 문화가 그냥 뜬구름 잡는 식으로 샤머니즘을 믿지는 않을 터이니까. 바위 사이에 키는 낮지만 아주 새빨간 꽃도 있고 매화보다는 작은 꽃들이 가지에 소복이 피는 꽃나무도 있다. 그중에서도 땅바닥에 붙어 피는데 우리나라의 메꽃처럼 꽃은 제법 큰 흰색의 꽃이 바닥에 융단처럼 무리를 지어 피어 있어 눈이 번쩍 뜨였다.

▶ '메꽃'처럼 땅바닥에 피는 꽃이 일대를 완전히 덮고 있고 뒤로 '벨락'이 보인다.

▶ 가파른 절벽 앞 황무지에 붉은 꽃과 나무들이 자라고 있어서 환상적이다.

이제 일행들은 모두 앞서가고 사진을 많이 찍는 나는 혼자 걷는다. 방향을 몰라도 좋다. 가다가 멈추기를 여러 번 반복하며 트레일을 걷는다. 종 바위 바로 아래에 도착하니 고개가 아프도록 쳐들고 봐야 하는 높이가 된다. 단 하나의 바위산인데 정말 어마어마하다. 왔던 길을 내려다보니 주차장 뒤 중간 부분에 작은 벨락(Little Bell Rock)도 보이고 성 십자가 예배당(Chapel of the holy cross)의 건축물도 살짝 보이는데 바위와의 조화가 절묘(있는 듯, 없는 듯)하다.

▶ 벨락을 오르면서 되돌아본 풍경, 중앙에 보이는 것이 'Little Bell Rock'

벨락의 왼쪽으로 돌아가 보니 새로운 풍경은 펼쳐지는데 정상 부근으로 올라가는 길은 보이지 않는다. 왔던 길이 아닌 다른 길로 가보려고 절벽 아래를 보니까 사람들이 걷고 있기는 한데 다른 트레킹을 걷고 있는 것 같다. 할 수 없이 정상을 포기하고 방향을 바꾼다. 하지만 워낙 트레일이 넓어서 똑같은 길로 가지 않고 조금 더 내려가서 다른 길로 걸을 수 있다. 주차장에 거의 도달할 즈음에 일행 몇 분을 만났다. 대부분 3분의 2 지점까지 갔다가 왔다고 한다. 처음부터 대단한 트레킹을 해서 기대가 점점 부풀어 오른다.

## 에어포트 메사(Airport Mesa)

'신이 그랜드캐니언을 만들었지만 살고 있는 곳은 세도나이다.'라는 말이 있다고 한다. 애리조나는 사막과 바위산뿐인 메마른 곳이 대부분이지만 이곳 세도나는 물이 흐르고 숲이 있어 황량한 분위기만을 연출하지는 않는다. 첫 트레킹을 끝내고 세도나 시내로 접근한다. 도로 양편의 집들과 가게들이 예사롭지 않다. 뭔가 단순하면서도 세련되고 품격이 있다. 로터리 한가운데에 있는 조형물도 내려서 사진을 찍고 싶을 만큼 멋지다. 돈 많은 부자들이 휴양지로 원하는 곳이라는 이유를 알게 되었다. 사실, 오기 전까지 '세도나'라는 작은 도시를 전혀 알지 못했는데 그 매력에 흠뻑 빠져들어 이제는 못 잊을 장소가 될 것 같다.

몸의 치유력을 증대시키고 미래 지향적인 메시지를 받을 수 있는 에너지(Vortex)에는 관심이 별로 없지만 이 도시의 예술적인 감각에 흠뻑 빠져들고 말았다. 죽기 전에 꼭 기회를 만들어 세도나의 명소들을 쏙쏙 구경하고 싶어졌다. 성 십자가 예배당을 보려고 주차를 시도했으나 큰 캠핑카 두 대가 들어갈 자리는 없었다. 할 수 없이 예배당 관람은 포기하고 두 번째 트레킹 장소로 이동한다.

▶ 에어포트 시닉 룩아웃에서 바라본 웨스트 세도나

차도의 오르막이 거의 끝날 즈음에 에어포트 시닉 룩아웃(Airport Scinic Lookout)이 나온다. 도로 반대편에 주차장이 있다. 차에서 내린 다음, 도로를 건너 얼른 시닉 룩아웃으로 간다. 거대한 산맥 아래에 자리 잡은 웨스트 세도나 시내가 좍 펼쳐진다.

왼쪽으로 윈드밀산(Windmill Mt), 한참 떨어져서 더 칵스콤(The Cockscomb)이 닭 볏 모양으로 솟아 있고 도우산(Doe Mt)과 베어산(Bear Mt) 앞에는 침니락(Chimney Rock)이 굴뚝 모양을 자랑한다. 제일 높고 크게 보이는 썬더마운틴(Thunder Mt)이라 불리는 캐피톨 뷰트(Capitol Butte)에 이어진 커피포트락(Coffeepot Rock)이 산맥의 마무리를 짓고 있다. 그 앞에 슈거로프산(Sugar Loaf Summit)이 불룩 솟아 있다. 사진을 보고 외국의 산 이름과 연결하기란 무척 어려웠다.

▶ 개를 끌고 산책하고 있는 현지인, 오른쪽은 윌슨 산

　이제는 왼쪽부터 오른쪽까지 풍경을 천천히 확인하며 걷는다. 사실은 에어포트 루푸 트레일(Airport Loop Trail)의 일부인 세도나 뷰 트레일(Sedona View Trail)을 걷다가 맨 마지막 분기점에서 왼쪽으로 꺾어 에어포트 메사 트레일(Airport Mesa Trail)로 올라가는 것이다. 아마도 주차장이 있는 이 산 정상부에 헬리콥터나 경비행기가 이착륙할 수 있는 비행장이 있어서 이렇게 이름이 지어진 것 같다.

　계속 웨스트 세도나 시내 방향만을 바라보며 걸어야 하니까 약간 단조롭기는 한데 길옆에 있는 선인장, 각종 꽃과 나무들이 부족함을 채워준다. 개를 끌고 반대편에서 주차장 쪽으로 오는 현지인이 있다. 길은 비탈을 따라 조금씩 오른쪽으로 돌아간다. 그에 따라 풍경이 조금씩 바뀐다. 붉게 빛나는 스팀보트록(Steam boat Rock), '커피포트락'과 한참 떨어져 있는 윌슨산(Willson Mt)이 더 분명하게 보인다.

▶ 오늘의 목적지, '에어포트 메사' 위에 사람들이 서 있는 모습이 보인다.

분기점을 만났다. 여기서 오른쪽으로 확 더 꺾어서 올라가면 에어포트 룩 포인트(Airport Look Point)가 나올 것이다. 살짝 왼쪽으로 꺾어서 걸어가려는데 메사 정상에서 사람들이 움직이는 모습이 보인다. 분기점 언덕에서는 지금까지 볼 수 없었던 방향의 넓게 터진 멋진 경관을 볼 수 있다.

▶ '에어포트 메사'에서 시내 쪽을 바라본 경치, 오른쪽에 최단 코스로 오르는 길이 보인다.

▶ '에어포트 메사'에서 시내 반대편을 바라본 경치

분기점 언덕에서 본 경관을 메사 정상에서는 더 분명하고 넓게 볼 수 있고 공간이 넓어서 쉴 수도 있다. 많은 사람이 여러 방향으로 사진을 찍거나 쉬고 있다. 멀리서 볼 때는 그렇게 크지 않았는데 실제로 올라와 보니 대단히 넓은 곳이다. 이곳도 역시 볼텍스가 강한 곳으로 소문난 곳이고 일몰 장소로 인기가 많다. 6대 정도의 주차가 가능한, 주차 요금이 필요 없는 주차장이 바로 아래에 있다. 저곳에서 출발하면 10분 만에 메사에 도착할 것 같다.

▶ 가운데에서 시작하여 왼쪽에 '커피포트락', 뒤에는 '썬더마운틴(큰 세모)', 가운데는 '윌슨산'

## 그랜드캐니언(South Kibab Trail, Bright Angel Trail)

거대한 자연에 대한 경외심을 불러일으키는 애리조나주 북부의 그랜드캐니언 국립공원은 세계 7대 자연경관 중 하나이고 세계문화유산으로 지정되어 있으며 미국 국립공원 중 연간 최다 방문객을 기록하는 곳이다. 숨이 멎을 만큼 아름답고 장엄한 대협곡은 20억 년 지질학 역사의 산증인이고 BBC가 '죽기 전에 가보아야 할 50곳' 중 으뜸으로 선정된 곳이다. 우리나라 경부선의 길이와 맞먹는 규모를 가진 곳으로 애리조나주 자동차 번호판에도 그려져 있다.

좀 더 살펴보면, 20억 년 전 바다 밑바닥에서 기반암에 퇴적 지형을 형성한 후에 7천만 년 전에 융기로 고원지대가 되었고 550만 년 전 콜로라도강의 침식 작용으로 협곡이 만들어졌다. 길이는 446km, 깊이는 1.6km, 폭은 200m~29km, 넓이는 5,000$km^2$인 '지질학의 교과서'라고 불리는 곳이다.

가장자리에 서면 깊이를 가늠하기 어려운 계곡에 현기증을 느낄 정도이고 겹겹이 쌓인 지층은 층마다 조금씩 색깔을 달리한다. 협곡을 16km 거리로 사이에 두고 있으나 바로 연결된 길은 없다. 그래서 가장자리를 따라 주요한 곳을 둘러보는 데에도 상당히 시간이 걸리게 된다. 사람들이 많이 방문하는 사우스 림(south rim), 협곡의 건너편은 노스 림(north rim, 10월 중순에서 5월 중순까지 접근을 통제하는 구역)으로 불리고, 사우스 림의 오른쪽 이스트 림(east rim)과 왼쪽 웨스트 림(west rim)으로 크게 구분할 수 있다.

공원이 너무나 방대해서 무료 셔틀버스가 다니고 있는데, 4개의 루트를 잘 살펴놓아야 트레킹을 하거나 관광하는 데 도움을 받을 수 있다. 허밋 레스트 루트(Red line)와 투사얀 루트(Purple)는 기간에 따라 운행하고 빌리주 루트

(Blue)와 카이밥-림 루트(Orane)는 매일 운행된다. 우리 일행은 트레일러 빌리지(Trailer village) 캠핑장을 이용했는데 주로 블루와 오렌지 라인을 이용했다.

'한라산도 두 번이나 올랐는데 그냥 따라가면 되겠지.' 이런 마음이 있어서 오기 전에, 특별하게 이 코스에 관한 공부를 안 했다. 그런데 새벽 4시에 일어나서 미역국에 밥을 조금 말아서 먹은 후 헤드 랜턴까지 하고 출발한다. 빌리지에서 블루라인으로 비지터 센터(visitor center)까지 가서 오렌지 라인으로 갈아타고 카이밥 트레일헤드(Kaibab Trailhead)에 내렸다. 이제 트레일이 본격적으로 시작된다. 아침 식사 시간과 버스로 오는 시간을 합쳐 거의 1시간이 걸려서 5시가 되었다. 공원 건물의 불빛으로 해가 뜨지 않았는데도 파란 하늘이 환상적으로 보인다.

▶ 헤드 랜턴을 끼고 협곡으로 내려가는 등산객이 보인다.

▶ 층마다 모양과 색깔이 다른 그랜드캐년의 절벽

헤드 랜턴을 끼고 계곡 아래의 지그재그 길을 걷는다. 여기서 맨 아래에 있는 콜로라도강까지 걷는 구간을 사우스 카이밥 트레일(South Kaibab Trail)이라고 부르는데, 12km의 거리를 거의 5시간 걸어야 한다. 시작 지점은 높이 2,195m이고 길의 폭은 3~4m 정도이다. 바닥은 평평하고 가장자리는 돌로 이어놓았다. 길옆은 낭떠러지지만 정비가 잘 되어 있다. 계속 구불구불 지그재그로 걸어 내려간다. 뒷사람이 내 머리 위를 걷고 있는 것 같은 장면도 연출된다. 첫 전망 장소인 우아 포인트(Ooh Aah Point)에 도착했다. 시작점에서 1.5km 걸어 내려 온 지점인데 절벽으로 쑥 튀어나온 바위에 앉아서 이제까지 가려 있던 방향을 바라다본다. 해가 서서히 떠올라 노랗고 붉은빛을 뿜어낸다. 인디언

▶ 첫 번째 전망 장소 우아 포인트

들도 우리와 비슷한 감탄사를 하는가 보다. 우리의 감탄사 '우와!'와 너무 닮아
서 정겹기도 하고 빙그레 웃음도 나왔다. 위에서 내려다본 산들의 모습과 다르
게 이제는 얼굴을 마주하고 보는 느낌의 경관이다.

▶ 짙은 고동색과 향나무가 있는 넓은 시더릿지와 오닐뷰트

이제는 왼쪽으로 270도 정도 휘어져 내려간다. 앞쪽에는 거대한 영지버섯이 절벽에 무리 지어 붙어 있는 모습과 성벽 같은 병풍바위가 가로막고 있는 모습을 보게 된다. 한 시간 정도 더 내려와서 도착한 곳은 '시더릿지(Cedar Ridge)'인데, 시작점에서 2.4km, 높이 1,855m인 곳이다. 향나무의 일종인 Cedar가 많이 자라고 있다. 붉은빛이 감도는 짙은 고동색 흙이 넓게 깔려 있고 낮은 향나무와 고사목과 돌들이 어울려 환상적인 분위기를 만들고 있다. 등산객들은 여기서 조금 쉬기도 하고 정비를 다시 하기도 한다. 진행 방향의 바로 앞쪽으로 넓고 깨끗한 바위 위를 걷는 길이 보이고 한 커플이 사진을 찍고 있는 모습도 보여 다른 생각 없이 계속 걸었다. 여러 방향으로 사진을 찍고 앞으로 진행하는데 길이 없다. 여러 번 두리번거리며 찾다가 바위 절벽 아래로 이어지는 길이 없다는 것을 알게 되었다. 다시 200m 정도를 걸어와 '시더릿지'에서 이어진 길을 찾았다. 짧게 자주 꺾이는 스위치 백(switch back)이 없고, 길게 굽어가는 걸어가야 할 길이 보여서, 기분이 좋다.

▶ 오른쪽 가운데에 보이는 곳이 '오닐뷰트'다. 뷰트 아래로 난 길이 보인다.

시더릿지에서 내려다볼 때 조그만 바위로 보였던 오닐뷰트(O'neill Butte)에
왔다. 내려와서 보니까 상당히 큰 사각형 바위산(1,855m)이다. 뷰트가 만들어
지는 것은 단단한 바위가 전쟁 때 머리에 쓰는 투구처럼 얹혀 있어서 밑에 있는
바위가 침식되는 것을 막아주기에, 윗부분은 탁자 모양이고 사방으로는 절벽으
로 깎인 홀로 떨어진 모양으로 된다. 메사(Mesa)는 뷰트 이전의 단계이고 훨씬
더 넓고 긴 규모를 가진다. 계속 걸음을 진행하자 협곡 안에 잠겨 있던 오닐뷰
트가 이제 협곡 위로 머리를 내밀기 시작한다.

▶ 협곡 안에 잠겨 있던 오닐뷰트(왼쪽)가 협곡 위로 머리를 내밀고 있다.

평평한 대지의 트레일을 따라가다가 스켈레톤 포인트(Skeleton Point)를 만난다. '해골 지점'이라는 뜻이다. 시작점에서 4.8km, 고도는 1,575m다. 조금 편한 길은 끝이 나고 스위치 백이 무한 반복되는 길이다. '강이 있는 맨 밑바닥에서 이 길을 다시 올라가야 한단 말인가?' 슬슬 올라갈 일이 걱정된다.

▶ 해골 지점이라는 뜻을 가진 스켈레톤 포인트

　그늘이 전혀 없는 먼지도 제법 폴폴 나는 지그재그 길을 터벅터벅 힘들게 걸어서 팁오프(Tip Off)라는 곳에 도착했다. 앞에서 만났던 시더릿지와 분위기가 비슷한데 넓이는 4~5배나 더 큰 곳이다. 표지판을 보니 톤토 트레일(Tonto Trail)과 만나는 곳이고 인디언 가든(Indian Garden)이란 분기점과도 연결되는 중요한 곳이었다. 위에서 아래를 내려봤을 때 고원지대를 가로지르는 가느다란 실처럼 보인 길이 있었는데, 그것이 바로 톤토 트레일이었다. 안내판 뒤에는 창고처럼 보이는 작은 건물도 있는데 긴 의자도 있고 노새(Mull)의 고삐를 묶도록 하는 철봉도 있었다.

▶ 한참을 내려오면 넓은 광장 'Tip Off'가 나온다. 노새들도 쉬어가는 곳이다.

▶ 붉은빛이 강렬한 산봉우리의 경사면에 노란 꽃들이 자라고 있다.

▶ 뒤쪽 뽀족한 봉우리 '조로아스터산', 그 왼쪽 옆 봉우리 '브라마템플', 왕관 모양 '썸너뷰트'

  도대체 언제까지 걸어야 강에 도착한다는 것인가? 산길 분위기가 끝이 나고 살짝 계곡의 분위기가 나는 곳을 꺾어서 터벅터벅 내려간다. 이 고단함을 이겨내라는 격려인지 오른쪽에서 왼쪽으로 크게 굽어 나가는 멋진 붉은 지대가 보이는데 노란 꽃들이 붉은 지대를 덮고 있다. 초록색과 연두색의 나무들은 거의 보이지 않고 붉은 바탕에 노란 원들이 점점이 박혀 있는 환상적인 모습이다. 붉은 지대 뒤로는 피라미드처럼 삼각형 모양의 높은 산이 있는데 2,173m의 조로아스터산(Zoroaster Temple)이다. 그 옆에 있는 산은 2,302m인 브라마템플(Brama Temple)이다. 브라마템플이 더 높지만, 이곳에서 멀리 있는 까닭에 조로아스터산보다 낮게 보인다. 왼쪽에는 거대한 왕관을 쓰고 있는 모양의 썸너뷰트(Sumner Butte, 1,572m)가 보인다. '자라투스트라'라고도 불리는 고대 페

르시아의 현자(賢者) 이름과 힌두교에서의 창조자 '브라흐마(Brahma)'를 따서
이름을 지은 것이 좀 의아하다.

▶ 강에서 짐을 싣고 올라오는 노새들

▶ 붉은 흙탕물이 흐르고 있는 콜로라도강이 보인다. 이제 겨우 내리막의 끝이 보인다.

흙이 쓸려 내려가지 않도록 일정한 간격으로 통나무를 박아 놓은 길을 내려가고 있는데 노새 일행들이 보인다. 맨 앞에 한 사람만 노새를 타고 있고 나머지 말들은 양쪽으로 짐을 메고 있다. 협곡의 일정한 코스를 노새를 타고 갈 수 있다고 듣기는 했는데 적응하기까지는 좀 무서울 것 같다. 걸을 때에는 조금이라도 낭떠러지에서 떨어진 안쪽을 걸을 수 있지만, 노새 등에서는 더 높은 위치에서 흔들리면서 낭떠러지를 보게 되기 때문이다. 트레일에서 보게 되는, 수나귀와 암말 사이에서 태어난 노새(Mule)의 똥 냄새는 대단히 고약했다. 하지만 바짝 마르면 건초를 썰어놓은 모양이 되고 냄새가 나지 않는다.

드디어 강이 가까워졌다. 그러나 물 색깔은 황토색이다. 급경사를 지그재그로 내려와 짧은 터널을 통과하고 카이밥 서스펜션 브리지(Kaibab Suspension Bridge, 속칭 Black Bridge)를 건넌다. 제법 큰 폭의 강이 흐르고 있다. 이제 일행을 만나 점심을 먹어야겠다고 생각하며 오른쪽 절벽 아래를 걷는다. 역시 물이 흐르고 있는 낮은 지대라 연두색과 초록색의 나무들이 많이 자라고 앞서 보았던 노란 꽃들이 더 많이 피어 있다. 거기에다 선인장들도 무더기로 피어 있으니, 눈이 번쩍 뜨인다. 흙탕물이지만 계곡에서 강으로 흘러가는 물이 제법 세차게 흐르고 있다.

▶ 강가를 걸으며 보는 풍경인데 길옆에 선인장이 많이 있다.

작은 다리를 건너 리더와 일행 두 분을 만났다. 이곳 쉼터(Rest house)에서 물길을 따라 난 안쪽 길로 걸어가면 그 유명한 팬텀랜치(Phantom Ranch)라는 숙소가 나온다. 수많은 신청자 중에서 예약 당첨되기란 여간 어려운 일이 아닐 것이지만 푹 쉬고 내일, 캠핑장으로 올라가고 싶은 마음이 굴뚝같다. 빵을 우걱우걱 씹어 먹은 다음에 물을 벌컥벌컥 마셨다. 왔던 길을 가는 것이 아니라 이제는 또 하나의 다리를 건너서 강을 따라 쭉 걷다가 다른 협곡의 산으로 올라야 한다고 한다. 바로 브라이트 앤젤 트레일(Bright Angel Trail)이다.

▶ 타조알 모양의 돌들이 강가에 빼곡하다.

브라이트 앤젤 서스펜션 브리지(Bright Angel Suspension Bridge, 속칭 Silver Bridge)를 건너 이제는 강을 오른쪽에 두고 평탄한 길을 걸어간다. 흙탕물이 흐르는 강가에 제법 큰 타조알 모양의 돌(지름이 1m가 넘을 듯)이 넓고도 빼곡하게 앉아 있는 모습이 너무 예뻐서 자꾸 쳐다보게 된다. 두세 번 굽었다가 돌아가는 길을 걸어가니 강으로 완전히 내려가는 길과 앞쪽으로 가는 길이 90도 왼쪽으로 꺾여 올라가는 길로 나뉜다. 강으로 가고 싶은 유혹을 억지로 뿌리치고 산길로 오른다. 이제부터는 경사가 있는 길을 계속 걸어서 협곡 맨 꼭대기까지 올라야 한다고 생각하니 겁이 덜컥 났다. 일행도 없이 혼자 걷는다.

▶ 뾰족한 조로아스터산, 왼쪽은 왕관 모양의 썸너뷰트, 가운데는 브라마템플

이 트레일은 카이밥 트레일과는 분위기가 크게 다르다. 물이 조금씩 흐르는 부분도 많고 우리나라의 계곡을 걷는 느낌도 살짝 나고 험악한 지형의 기분이 들지 않아 처음 걷는 길인데도 왠지 익숙한 분위기다. 하긴 똑같은 길을 다시 올라가지 않는 것만 해도 얼마나 고마운 일인가? 목이 너무나 말라서 '계곡의 물을 페트병에 담아 마실까'라는 생각도 여러 번 들었으나 다음 쉼터에서 물을 받을 수 있다고 들었기에 꾹 참기로 한다.

▶ 깊은 협곡에서 만나는 작은 시내는 사막의 오아시스를 떠올리게 한다.

▶ 메마른 계곡이지만 주황색 꽃이 피어 있다.

50분 정도를 걸어 드디어 인디언가든(Indian Garden) 쉼터에 왔다. 이곳에서 개천을 건너 플래토 포인트(Plateu Point)로 갈 수도 있고 오른쪽과 왼쪽 양방향으로 향하는 톤토 트레일(Tonto Trail)로 갈 수도 있었다. 많은 사람이 나무 그늘에 앉거나 누워서 쉬고 있다. 그냥 긴 의자가 아닌 땅바닥에 누워서 쉬고 있는 분들도 한둘이 아니다. 바나나를 먹고 쉬다가 차례를 기다려 물을 두 통 받아온다. 그야말로 생명의 물이다. 너무나 지쳐서 긴 의자에 쪼그리고 누워 있다가 다시 일어났다. 뭔가 특별한 조치가 필요했다. 양말까지 벗고 맨발로 20m 앞에 있는 물이 흐르는 곳으로 걸어갔다. 아주 얇게 흐르는 작은 개울에 발을 담근다. 얼음 같은 차가운 물은 아니지만 오히려 뜨거운 발바닥을 식히기엔 딱 알맞은 정도의 물이다. 바로 옆에는 물가에서 자라는 키 작은 하얀 꽃들이 융단처럼 깔려있다. 발을 닦고 다시 긴 의자로 와서 10분 정도를 쉬었다. 앞으로 올라가는 데에는 5~6시간 정도가 걸린다고 하는데 어느 방향으로 가는지 감이 오지 않는다.

마음속에 있는 여정과 다르게 길은 넘어야 할 것 같은 오른쪽에 있는 산으로 가지 않고 계속 계곡 쪽으로 들어가기만 한다. 아마도 플래토 트레일로 걷는 사람들의 모습을 오른쪽 산허리에서 보아서 그렇게 예상한 것 같다. 한참을 걸어도 계곡 아래에 닿을 수 없고 거대한 성벽의 절벽이 숨을 막히게 한다. 저 거대한 절벽의 맨 위까지 올라야 하는데 도대체 어떻게 이겨낼 수 있단 말인가?

▶ 황량한 지대이지만 계곡에는 물이 흐르고 나무가 있어 눈길이 자꾸 간다.

▶ 계곡을 걷는 사람들이 개미처럼 보인다.

1시간 30분 정도를 걸어서 산 아래에 도착한다. 돌을 쌓아서 지그재그로 돌아가는 길이 보인다. 인디언 가든에서 걸어오면서 마음속에 그렸던 것과는 전혀 다른 방향의 길이다. 스위치 백이 반복되는 경사가 급한 길을 힘겹게 오르자, 산등성이 가장자리에 오두막이 있다. 3Mile Rest House란다. 1단계 직벽에 온 것인데 3마일(4.8km) 거리의 직벽을 넘어야 한다. 그나마 올라야 할 길이 하얗게 보여 걱정을 조금 내려놓게 된다. 목적지는 뚜렷해졌으니까. 여러 번 쉬기를 반복하다가 더 베틀 쉽(The Battle Ship, 군함, 1,755m)을 잘 볼 수 있는 곳에 왔다. 쉬고 싶어도 그늘이 있는 곳이 자주 없기에, 걸으면서 조금이라도 그늘진 곳을 찾으며 걸어왔다. 여성 참가자 중 왕언니 한 분은 바위에 완전히 드러누워 쉬고 계신 모습도 봤고 등산 스틱을 잡고 살짝 끌어당기면서 아내를 돕던 최 사장님의 모습도 보아서 겁이 났다. 일행 중 한 명이라도 낙오자가 생긴다면 오늘뿐 아니라 남은 일정도 엉망이 될 것이기 때문이다.

▶ 앞에 보이는 까마득한 능선을 넘어야 하는데 계속 '스위치 백(지그재그)'을 반복해야 한다.

▶ 작은 바위 그늘에 앉아 올라온 길을 바라다본 모습

500m 정도로 쉬다가 걷다가를 반복하여 1.5Mile Rest House 근처에 왔다. 너무나 피곤해서 쉬기 위한 시설인 레스트 하우스이지만 오를 힘이 없다. 두 개의 레스트 하우스를 모두 패스했다. 두 휴게소에는 화장실이 있고 물을 공급받을 수 있다고 한다. 한라산에도 갔다 왔는데 이걸 뭐 못하겠어? 사전에 조사를 철저히 해서 계획을 잘 세워야 했는데? 너무 무심하거나 거만했던 것 아니야? 마음속에서 온갖 생각들이 떠올랐다.

▶ 작은 그늘에 앉아 쉬면서 본 배틀 쉽(1,755m)

이제는 소위 깡으로 걷는다. 저 앞에 보이는 흰색 지층만 넘으면 끝이다. 로워 터널(Lower Tunnel, 암벽을 뚫은 짧은 터널)을 통과하여 Z자 모양의 길을 돌아 나오자, 맨 꼭대기 정상 부근의 산마루에 관광객들이 오가는 모습이 보였다.

휴! 이제는 살았다. 맥이 탁 풀려서 더 이상 걸을 수 없다. 해 지기 전에 도착하면 되니까 또다시 쉬어가기로 한다. 두 통이나 가져온 물이 거의 다 떨어지고 있다. 마지막 남은 물을 최후의 한 방울까지 떨어지도록 해서 마신다. 10분 정도를 쉬고 나니까 다시 걸어갈 생각이 든다. '내 인생에서 가장 긴 시간을 걷는 기록이니까 꾹 참고 견뎌내야지!' 생각에 최면을 걸며 최후의 힘을 쥐어 짜낸다.

어퍼 터널(Upper Tunnel)를 통과한다. 등산객들은 모두 두 개의 짧은 터널에 감탄과 고마움을 느낄 것이다. 터널이 없다면 얼마나 먼 길을 또다시 돌아가야 했을까? 그리고 장비를 사용했겠지만, 저 단단한 바위를 뚫는 데 얼마나 힘들게 일했을까? 그리고 바위를 뚫어 지름길을 내겠다는 생각에도 감동할 수밖에 없는 구조이다. 딱 필요한 만큼의 정비와 꼭 필요한 트레일을 위해 바위를 뚫어 터널을 만든 미국인의 실용주의 정신에 좋은 자극을 받았다. 과도한 데크 길, 필요 이상의 트레일 규제(목숨은 자신이 지켜야 하지만 선택권을 박탈하는 탐방 금지 구역 설정)는 고쳐야 할 우리나라의 등산 문화이다.

두 개의 터널을 통과한 후 다시 크게 한 굽이를 돌아서 트레일의 시작점이자 종착점인 곳에 도착했다. 검은 등산화와 바지엔 허옇게 먼지가 뒤덮여 있다. 블루라인 셔틀버스를 타고 캠프장으로 돌아왔다. 몸이 으슬으슬 추워짐을 느껴 뜨거운 물에 세수하고 발만 씻은 다음 침낭으로 들어간다.

## 홀스 슈 밴드(Horse Shoe Band)

콜로라도강이 만들어 낸 말발굽 모양의 굴곡 지대를 한눈에 볼 수 있는 전
망대까지의 트레일이다. 안동 하회마을, 영월 동강의 한반도 지형, 예천 회룡포
등지와 비슷한 지형을 보이는데 크기는 너무나 거대하다.

페이지 시티(Page city)로 향하는 89번 도로 옆 주차장에 캠핑카를 세우고
주위를 둘러본다. 나무 울타리가 쳐져 있는 완만한 곳으로 사람들이 걸어가는
모습이 보인다. 드넓게 펼쳐지는 사막과 같은 분위기, 360도로 완전히 둘러봐
도 주위에는 큰 나무 한 그루가 보이지 않는다. 100m쯤 걸어가니 'City of Page,
Arizona'라는 글씨와 함께 화려한 구름과 함께하는 Horse Shoe의 대형 사진
이 있는 관광 안내판이 우뚝 서 있다. 아직 보이지 않는 상징물에 대하여 기대
를 부풀게 하기에 그만이다. 그늘이 전혀 없는 지대를 걷는데 다행히 그렇게 덥
지는 않다. 하지만 5월 중순부터는 꽤 더울 것 같고 바람이 부는 날에는 모래와
먼지까지 날려 짧은 거리(왕복 2km, 1시간 정도)이지만 상당히 힘들 것 같은

트레일이다. 하지만 길은 평평하고 넓어서 유모차를 끌고 가는 사람들도 보이고, 가볍게 차려입은 나이가 많으신 분들도 많이 걷고 계신다.

사막과 같은 대지이지만 잡초들이 자라고 키 작은 들꽃들도 피고 있어서, 그렇게 공허하거나 황량하지는 않고, 확실하게 이국적인 경관을 보여주고 있다. 뒤돌아보니 차들이 가득하게 있는 주차장 너머로 광대한 대지가 펼쳐져 있고 사방으로 막힌 곳이 한 곳도 없다. 70도 정도로 왼쪽으로 굽어져 돌았는데 홀스 슈는 보이지 않고 넓고 붉은 대지만 보인다.

피서 파라솔 형태의 구조물이 보이는 곳에 이르자 저 멀리 시커멓게 파인 부분이 보였다. 아! 저곳에 홀스슈가 있구나. 그런데 홀스슈를 보는 전망대 근처에는 팬케이크를 여러 장 쌓아 올려놓은 모양의 바위들이 많다.

▶ 낭떠러지 부근에서 홀스슈를 바라보는 관광객들, 마음대로 지어낸 '공룡의 똥' 바위

이제는 수백 명의 사람들이 걸어가는 길이 보이고 목적지에는 사람들이 엄청 많다. 고지가 얼마 남지 않아서 가슴이 두근거렸다. 하지만 난 바로 말발굽으로 접근하지 않는다. 진한 코끼리 똥 무더기의 바위들을 발견했기 때문이다. 코끼리 똥 바위 아래는 연한 주황색의 기반들인데 똥 바위는 아주 진한 갈색(진한 초콜릿색에 가까운)이다. 빠른 걸음으로 가까이 가보니, 이건 코끼리 똥이라고 해야 할 게 아니라 공룡의 똥이라고 해야 할 만큼 크기가 엄청났다. 그리고 100m쯤 떨어진 곳에도 공룡의 똥 무더기 바위들(모두 스스로 이름을 마음대로 지음)이 있었다.

▶ 말발굽 모양의 홀스슈와 콜로라도강

▶ 겁이 나서 일어서지도 못하고 웃는 표정도 짓지 못했다.

공룡의 똥 무더기에서 내려와 전망대로 향한다. 사암 절벽을 따라 돌아가는 강물 줄기가 U자형 말발굽처럼 보여서 붙여진 이름이다. 약 500만 년 전 콜로라도 고원이 융기하면서 강의 흐름을 가로막아 서니까 오랜 세월, 강물이 스스로 물길을 만든 흔적이다. 도대체 콜로라도강은 얼마나 긴 것인지? 그랜드캐니언, 캐니언랜즈, 이곳 홀스슈까지 모두 콜로라도강의 영향을 받는 곳이다.

짙은 남색, 짙은 초록색, 연두색이 띠처럼 섞인 콜로라도강의 색은 그냥 아름답다고 하기보다는 신비롭다는 표현이 좋을 것 같고 경외심까지 생기게 한다. 그 강줄기 위로 아주 작게 보이는 하얀 배들이 빠르게 돌아가고 있다. 거리상으로 작게 보일 뿐 저 배들도 가까이에서 본다면 제법 큰 배들이리라.

▶ 코끼리 똥 바위라고 했다가 얼른 바꾼 공룡의 똥 바위

▶ 메인 전망대에서 더 진행한 곳에 있는 바위산

벼랑 끝에 누워서 계곡을 바라보는 사람, 용감하게 서서 만세 모양의 포즈를 취하는 사람, 나처럼 무서워서 앉아서 사진을 찍는 사람 등 다양한 사람들의 모습을 볼 수 있다. 벼랑 끝부분도 아닌데 앉아 있어도 마음이 쿵쾅거려 웃는 표정을 지을 생각조차 못 했다. 되도록 벼랑 쪽으로 가지 않고 살금살금 걸으며 여러 방향으로 풍경 사진을 찍었다.

이렇게 위험한 지형이지만 자연 훼손을 하지 않으려고 딱 한 군데, 이곳 말발굽을 한가운데에서 보는 곳에만 안전 펜스를 설치해 놓았다. 전망대에서 강 아래까지의 깊이는 대략 900m 정도로 보인다. 말발굽을 바라보는 마지막 부분에 있는 조금 높은 지형도 무척 좋다. 그 위아래의 바위산에도 올라선 사람들이 많이 보였는데, 시간 약속으로 더 진행할 수는 없었다.

텔레비전으로 자주 보고 '난 언제 저곳에 가보려나' 했던 적이 많았던 곳인데 실제로 경험하고 나니 뭔가 뿌듯한 느낌이 든다. '촌놈 너 출세했구나!'


## 로워 앤털로프캐니언(Lower Antelope Canyon)

전 세계 사진작가들이 가고 싶어 하는 곳, 꼭 봐야 할 세계의 절경 시리즈에 빠지지 않고 등장하는 곳, 윈도우 배경 화면으로 많이 쓰이는 곳이 애리조나주에 있는 앤털로프캐니언(Antelope Canyon)이다. 폭이 좁고 깊이가 깊은 협곡을 슬랏캐니언(Slot Canyon)이라고 하는데 여러 나라에 슬랏캐니언이 있으나 앤털로프캐니언이 가장 유명하다. 이 캐니언은 어퍼(Upper)와 로워(Lower)로 나뉘어 있는데 인기는 어퍼 쪽이 더 많다고 한다. 황금시간대(11시에서 1시 사이) 빛이 들어오는 모습(썬빔 현상)을 더 잘 볼 수 있고 관람하는 길이 폭이 넓고 평평해서 걷기가 쉽기 때문이란다.

우리는 로워 쪽을 선택했다. 사전 예약을 해야 하고 약속 시간에 맞춰서 가야 한다. 나바호 인디언 부족에 의해 관리가 되는 곳으로 반드시 나바호 인디언 가이드를 따라가야 한다. 비 예보가 있을 때는 위험해서 출입을 통제한다. 1997년 이 로어 지역에서 돌발 홍수가 일어나 11명의 관광객이 익사했다. 비가 많이 내리면 지표면에 스며들지 못한(바닥의 바위들이 매끄러워서 물이 스며들지 못하고 협곡으로 밀어닥칠 듯) 빗물이 캐니언을 배수로로 삼아 한꺼번에 밀려 나가는 것이다. 이 사건 이후로 안전시설을 강화하고 돌발 홍수가 예상되는 날에는 미리 폐쇄하는 것이다.

10명 정도로 팀을 꾸리고 나바호 가이드를 따라 약속 시간에 출발하는데 시간이 남아 있어서 매표소 건물을 둘러본다. 빛이 들어오는 협곡 모양으로 매표소 데스크 전체 벽을 만든 것이 멋지고 기념품을 파는 매점의 입구 벽에는 전통의상을 입은 나바호 원주민 할머니를 크게 그려 놓았다. 건물 밖 벽에는 메마른 지역에 사는 도마뱀을 크게 그려 놓았다. 모두 의미와 역사 등을 생각하고 꼼꼼하게 작업한 작품이라는 느낌이다.

약속 시간이 되어 트레일 시작점에 줄을 선다. 나바호 인디언 가이드의 간단한 주의 사항을 듣고 출발한다. 로어 구간은 사다리 형태로 된 철계단이 몇 군데 있다. 처음에는 거의 50m 정도로 내려간다. 계단이 가팔라서 내려오는 중간에 휴대폰 사용은 절대 금지다. 협곡 사이는 매우 좁은데 딱 한 사람만 통과할 수 있는 부분이 많다.

협곡으로 빛이 들어오는 부분이 좋으면 멋진 모습이 생긴다. 동굴 안의 좁은 길로 진행하니까 사암 벽이 빛의 방향에 따라 신비한 색깔로 변한다. 빛이 가장 잘 닿는 곳은 노란빛, 중간 정도로 닿으면 분홍색이나 보라색이고 그늘진 곳은 짙은 자주색이나 고동색인데 그 가운데 파란 하늘이 보이니까 환상적일 수밖에 없다. 실제로 보는 것보다 사진으로 보는 것이 조금 더 예쁘다. 그러니까 사진으로 보는 것보다는 실제 상황이 조금 어두운 편이다. 좁은 공간에 많은 사람이 모여 있고, 시간차를 두고 걷고 있지만 앞뒤에 다른 팀들도 있어서 기대했던 것보다 좋은 사진을 찍기가 어렵다. 거기다 계속 고개를 쳐들고 50~60m 정도의 바위 절벽과 파란 하늘을 쳐다봐야 하니까 고개도 좀 아팠다.

▶ 인디언 가이드를 따라 캐년으로 들어간다.

▶ 50m 길이의 사다리를 타고 협곡으로 내려가는 부분

'Lady in the wind, Lion's head, Sea horse, 인디언 추장의 얼굴' 등을 찍는 스팟이 있다고 들었는데 도저히 찾을 수 없어서 포기했다. 폰에서 찍은 사진을 '따뜻한 톤'으로 바꿔주면 사진이 더 예쁘다는 리더의 가르침대로 트레일 후에 수정해 봤는데 확실히 효과가 있었다.

1시간 정도의 구경을 끝내고 두더지처럼 땅속을 빠져나온다. 한참 걸어서 뒤돌아보니 그 깊은 골짜기는 전혀 보이지 않는다. 꿈속을 걷다가 깨어난 기분이 든다.

나바호 인디언 말로는 '물에 의해 깎인 협곡'이라는데 사슴처럼 생긴 영양의 이름(Antelope)보다는 나바호 인디언의 말이 더 좋은 것 같다. 예전에 영양이 많이 살았던 곳이어서 영어로 이름이 지어졌다고 한다.

▶ 사진가들이 멋진 사진을 찍기 위해 방문하는 곳으로도 유명한 앤털로프캐니언

## 모뉴먼트 밸리(Monument Valley)

유타주 남부와 애리조나주 북부에 걸쳐 있는 콜로라도 고원 지대에 있는 곳인데 '뷰트'라는 바위산이 많아 마치 기념비(Monument)가 줄지어 있는 모습이어서 이름이 지어졌다. 나바호 원주민의 거주지도 있고 나바호족의 관할 아래 공개되고 있는 곳이다. 해발 고도가 아닌 계곡 바닥을 기준으로 해도 최고 높은 뷰트는 높이가 약 300m나 된다. 나바호족의 말로는 '바윗돌 계곡'이다.

1860년, 나바호 인디언 부족은 미국 정부군과의 전쟁에서 패한 후 전쟁 포로로 비참하게 살아가게 된다. 그러다가 1868년 나바호 협정을 맺을 때, 이들은 세 가지 제안 중 하나를 선택하라고 강요당한다. 첫째는 기름진 땅에 이주하여 농사를 짓고 사는 것이고, 둘째는 요새 인근에서 사는 것이며, 마지막으로 백인들이 '악마의 땅'으로 부르는, 삭막한 모뉴먼트 밸리로 이주하여 사는 것이었다. 인디언들은 망설이지 않고 메마르나 조상의 영혼이 깃들어 있는 모뉴먼트 밸리를 택하고 지금까지 살아오고 있다.

입장료를 내야 하고 약 27km의 흙길을 지프차로 둘러보는 트레일이다. 원주민 가이드의 설명까지 들으며 다른 프로그램으로는 들어갈 수 없는 곳까지 탐방하는 미스터리 밸리(Mistery Valley)나 헌츠 메사(Hunts Mesa)에 참가하는 것이 제일 알차다.

▶ 기념품 가게에서 바라다본 경치, 삼총사 중 왼쪽에 있는 바위는 손가락이 없다.

　　유명한 더 뷰 호텔이 있는 주차장에 도착했다. 큰 성벽 모양의 병풍 바위산 아래 자리 잡은 호텔은 이름이 대부분을 설명해 준다. 하룻밤을 지내면서 일출과 일몰을 이 호텔 방에서 보는 것이 꿈(로망)인 분들이 많다고 한다. 1층에는 기념품 가게가 있고 2층에는 존 웨인 포인트(John Wayne Point)라는 유명한 전망 포인트도 있고 비지터 센터도 이 건물 안에 있다.

　　전망 포인트에 서 보니 모뉴먼트 밸리(Monument Valley)의 삼총사(West Mitten Butte, East Mitten Butte, Merric Butte)가 잘 보인다. '미튼'은 '벙어리 장갑'인데, 두 미튼에는 한 개의 손가락 모양의 바위가 삐죽이 있지만 가장 왼쪽에 있는 메릭뷰트는 손가락이 없다. 서쪽 장갑은 261m, 동쪽 장갑은 313m인데 63빌딩이 250m라면 크기를 가늠하기 쉽다. 여기서는 동쪽 장갑이 서쪽 장갑보다 낮게 보이는데 그 이유는 서쪽 장갑보다 훨씬 계곡 안쪽에 자리 잡고 있기 때문이다. 1층 기념품 가게의 창을 통해 바라보는 삼총사는 더 재미있다. 창가에 옆으로 진열해 놓은 작은 인디언 인형을 맨 아래에 배치하고 그 위로 삼총사가 보이도록 사진을 찍는다.

　　캠핑카를 몰고 공원 안으로는 진입할 수 없고 먼지를 덮어쓰는 것을 각오하면 자기 차를 몰고 입장할 수는 있는 것 같다. 하지만 요금을 내고 지프차로 가는 곳 중, 한두 군데는 통제로 막혔다. 우리들은 두 대의 지프차에 나눠 타고 Scinic Drive(Monument Valley Loop Drive)에 나선다.

제일 먼저 반겨주었던 것은 길게 뻗은 탁자 모양으로 생긴 남아공의 테이블 마운틴을 닮은 Sentinel Mesa다. 이것만이 유타주에 속하고 다른 모든 Mesa나 Butte는 애리조나주에 속한다고 한다. 옛날 서부 영화에 자주 나왔던 곳인데 '역마차'라는 영화로 세상에 널리 알려지게 되었고 그 후로 수많은 영화와 뮤직비디오 촬영 장소로 이용되고 있다. 메릭뷰트를 지나 조금 더 안쪽으로 들어가면 메릭뷰트와 모양과 크기가 비슷한 엘리펀트뷰트가 나온다. 정면에서 보는 코끼리의 코와 머리를 떠올리지 않으면 도저히 가늠이 안 되는 엘리펀트뷰트(Elephant Butte)를 확인하는 데에는 오랜 시간이 걸렸다.

▶ 확실하게 조망되는 센티널 메사

▶ '존 포드 포인트'는 메릭뷰트 등 여러 곳을 조망할 수 있는 대단한 조망터다.

첫 번째로 주차한 곳은 존 포드 포인트(John Ford's Point)라는 곳이다. 영화 역마차의 영화감독 이름을 따왔다. 하긴 이분 덕분에 이곳이 전 세계적으로 유명하게 되었으니까 이름을 넣어 주는 것은 의리 아닐까? 막힌 곳이 전혀 없어서 광경들을 자세히 살펴볼 수 있었다. 삼총사를 반대 방향에서 볼 수 있는 곳이고, Three Sisters Butte와 Mitchell Mesa, Sentinel Mesa와 West Mitten, Elephant Butte가 정확하게 보인다. 간단한 공예품을 파는 곳도 있고 옛날 인디언의 전통 가옥 진흙집 '로그 호간'를 재현해 놓은 곳도 있다. 무엇보다 이곳이 인기가 많은 것은 주차한 곳 바로 앞에 있는 절벽으로 이어지는 능선이 있기 때문이다. 모델들은 절벽 위에 서고 찍는 사람은 살짝 떨어진 곳에서 찍으면 메릭 뷰트나 엘리펀트뷰트를 배경으로 멋진 사진을 찍을 수 있고 여러 명의 점프 샷을 연출할 수도 있다. 말을 타고 기념사진을 찍을 수 있도록 말도 묶어 놓았다. 세 명의 수녀님이 손을 가지런히 모으고 서로를 바라보는 쓰리시스터즈도 이곳에서 보면 상당히 높고 뾰족한 바위임을 실감한다. 과연 모뉴먼트 밸리를 세계 최대의 야외 박물관(The World's Greatest Outdoor Museum)이라고 부르는 게 과장이 아님을 알 수 있다.

▶ '엘리펀트메사'와 '캐멀뷰트메사', 코끼리와 낙타를 연상하는 데 어려움을 겪을 것이다.

▶ 저 멀리 혼자 우뚝 서 있는 '토템폴'과 왼쪽 옆에 있는 '예이 바이 체이'를 배경으로

거대한 'Rain God Mesa'를 지나고 있다. Rain God은 물을 관장하는 신으로, 가뭄이 심할 때 물(비)을 절실하게 필요로 하는 인디언들은 이 메사를 향해 기도를 드렸다. 엘리펀트뷰트보다는 좀 쉽게 연상할 수 있는 캐멀뷰트(Camel Butte)를 본다. 존 포드 포인트를 빠져나와 다음 장소로 가는 갈림길 코너에 있다. 세상에!, 저렇게 큰 낙타가 어디에 있을까? 미국은 어지간히 거대한(Giant) 규모가 아니면 이름도 지어주지 않을 것 같다.

토템폴(Tom Pole)이 보이는 포인트에 왔다. 저 멀리 5개의 나무 기둥처럼 뻐죽하게 서 있는 바위들이다. 이렇게 멀리 떨어져 있는데 저 정도로 보인다면 직접 다가가면 얼마나 크게 보일까? 오른쪽에 홀로 떨어져 있는 기둥이 토템폴이고 왼쪽 그 옆에는 예이 바이 체이(Yei Bi Chei)라는 토템폴보다는 굵은 바위들이 포진해 있다. 나바호 인디언들의 거주 지역도 있는 곳이라니까 실제로 어떻게 살고 있는지 보고 싶은 마음이 더욱 커진다. 저곳까지 갈 수 있는 프로그램도 있다고 하는데? 다가갈 수 없는 아쉬움에 한참을 지켜보다 토템을 배경으로 사진을 한 장 찍고 다음 장소로 향한다.

▶ '스피어드메사'가 있는 아티스트 포인트, 굉장히 넓은 곳이어서 주차가 편리하다.

스피어드메사(Speard Mesa, 창끝 바위)가 펼쳐진 곳을 바라보며 아티스트 포인트(Artist's Point)에 왔다. 세 자매 뷰트, 벙어리장갑 뷰트, 메릭 뷰트 등을 가까이에서 볼 수 있는 곳으로 존 포드 포인트보다 훨씬 넓은 공간을 자랑한다. 넓은 고원지대에 여러 뷰트와 메사가 어우러져 있어 가장 아름다운 경관을 볼 수 있는 곳이어서 이렇게 부르고 있다. 포인트 오른쪽으로는 길게 스피어드메사가 성벽처럼 버티고 서 있는데 맨 끝에 삼각형의 삐죽한 바위가 위용을 자랑한다. 칼끝처럼 보이는 저 바위를 보고 전체 메사의 이름으로 지은 것 같다.

지프가 달리면 먼지가 크게 일어나는데 방향을 틀어 달리니까 올 때보다 더 심한 것 같다. 마스크를 손으로 누르고 고개를 돌려서 피해 보지만 큰 효과는 없다. 나바호 인디언 보호 구역이어서 앞으로도 길을 포장할 가능성은 없어 보이니까 이 정도의 고생은 감수해야 한다고 스스로 위로해 본다.

모뉴먼트 밸리의 또 다른 인기 상징물 더 썸(The Thumb, 치켜세운 엄지손가락 모양의 뷰트)이 있는 곳에 왔다. 거대한 것 아니면 명함도 못 내밀 미국이니까 당연히 이 엄지도 세계에서 제일 큰 엄지일 것이다. 그런데 방향을 달리하여 정면으로 보면 윗부분은 뭉툭하고 아래로 갈수록 얇아지는 모양으로, 옛이야기에 나오는 도깨비방망이처럼 보인다. 이렇게 되어 있으니 오랜 세월이 흐르겠지만, 저 엄지는 결국 무너져 내릴 것이다. 더 썸에 연이어 있는 두서너 개의 봉우리도 거대했지만 눈길을 끈 것은 엄지 바로 앞에 있는 고사목이다. 죽어 있지만 줄기가 휘감긴 멋진 모습으로 대단한 존재감을 자랑하니까 사람들이 고사목과 함께 사진을 찍지 않을 수 없다. 모처럼 깔깔거리며 웃는 최소 50대 이상의 일행들의 모습을 보니 저절로 행복감이 밀려오고 인생 선배들도 너무 귀엽게 보인다. '그래! 웃고 싶을 땐 마음껏 웃고 울고 싶을 땐 실컷 우는 게 사는 거지? 뭐 땜에 억누르고 산단 말인가?' "춤을 추고 싶을 때는 춤을 춰요. 할아버지 할머니도 춤을 춰요. 그깟 나이 무슨 상관이에요~('DOC와 춤을' 중에서)" 또 몹쓸 노래 부르는 습관이 튀어나와서 잠깐 부르다가 재빨리 입을 틀어막았다.

▶ '더 썸' 앞에 있는 존재감 있는 고사목과 함께, '더 노스 윈도우'에서 바라본 여러 뷰트

모뉴먼트 밸리를 동쪽으로 바라보는 곳인 더 노스 윈도우(The North Window)도 제법 괜찮다. 아티스트 포인트와 분위기는 비슷하지만, 막힘없이 더 넓게 펼쳐진 평지에 높고 낮은 뷰트들이 점점이 파노라마로 늘어선 모습은 환상적이다. 두 시간 정도의 시간이 흘러 지프차 투어를 마치게 되었다.

다른 장소로 이동 중에 리더가 갑자기 길옆의 공간으로 차를 세운다. '포레스트 검프 포인트'란다. 영화 '포레스트 검프'의 유명한 장면이 촬영된 곳이라는데 길 양옆으로 대지가 펼쳐지고 그 앞으로는 조금 전 보았던 모뉴먼트 밸리의 여러 메사와 뷰트가 좍 나열하고 있다. 텔레비전에서 많이 본 장면의 장소였다. 일행들은 오가는 차를 조심하면서 포레스트 검프가 이제는 더 이상 걷지 않겠다고 가던 길을 되돌아서고, 검프를 따르던 많은 이들이 반대로 검프를 따라 달리는 장면을 연출하며 동영상을 찍거나 사진을 찍었다. 지프차 탐방 후에 보너스까지 큰 것 한 방을 날려주는 '모뉴먼트 밸리 드라이브'는 멋있었다.

## 힉맨 브리지(Hickman Bridge)

유타주에는 독특한 아름다움과 경이로움을 지닌 5곳의 국립공원이 있는데 이를 더 마이티 파이브(The Mighty Five)라고 별칭으로 부른다. 자이언캐니언, 브라이스캐니언, 아치스, 캐니언랜즈, 캐피톨리프가 바로 이 다섯 형제다. 이 중에서 캐니언랜즈와 캐피톨리프 국립공원은 이번에 와서 처음 알게 된 곳이다. 캐피톨리프 국립공원은 다른 4곳에 비해 방문자 비율이 가장 낮다고 하는데, 주요 고속도로에서 쉽게 연결되는 다른 곳과 다르게 지방도로인 24번 도로 근처에 있어서(시간이 많이 소요됨) 그렇다. 유타주에서 가장 늦게 국립공원으로 지정되었지만 크기는 두 번째에 해당한다고 한다.

나바호 인디언들은 이 캐피톨리프 지역을 '잠자는 무지개의 땅'이라고 부른단다. 50만 년 전에서 70만 년 전 사이에 단층이 생기면서 형성되었고 그 단층들이 침식 작용으로 거대한 돔 형태의 바위, 고원, 아치 등을 만들면서 지금의 모습으로 변해 온 것이다. 일반 캐니언이 강물에 의해 깎인 형태라면 이 지역은 지층의 변화가 형성에 가장 큰 영향을 끼친 것이다.

▶ 경사진 습곡 지역을 요리조리 피해 지방도로가 만들어져 있다.

▶ 여러 단층이 묘하게 어울려 있는 캐피톨리프 국립공원

이 공원 지형의 가장 큰 특징은 워터 포켓 폴드(Water Pocket Fold)다. 바다에 있던 여러 퇴적암이 솟아올라 각종 지층을 만들고, 이 지층들이 끊어지고 (단층), 뒤틀리고, 비스듬하게 경사가 지면서, 바위들이 휘어진(Fold) 곳에 물이 고일 수 있는 공간(Water Pocket)이 생기게 된 것이다. 그런데 이런 지형이 웨인주 남부에서 유타주 북부까지 약 161km라고 하니 깜짝 놀라게 되고, 이런 지형들을 피해서 지방도로를 통하여 먼 길을 돌아와야 하는 까닭을 알게 되었다. 북미에서 가장 큰 단사 지역(Monocline, 경사진 습곡)이다.

오늘은 캐피톨 국립공원 안에 있는 편도 0.9마일(1.4km) 왕복 2.8km의 힉맨 트레일(Hickman Trail)을 걷는다. 힉맨이란 사람이 이 캐피톨리프 국립공원을 알리고 발전시키는 데 많은 공헌을 했기에 '바위 다리'에 이름을 붙였다. '브리지'는 아치와 달리 흐르는 물에 의해서 만들어진다.

▶ 양파로 보이는 '나바호 샌드스톤 돔'이 있다. 바위가 암초처럼 널리 퍼져 있다.

주차장에서 보면 연방 국회의사당을 닮은 하얀 바위산이 보이는데 이름이 캐피톨(Capitol)이다. 리프(Reef)는 바다의 산호초 무리가 있는 곳을 생각하면 된다. 그러니까 울퉁불퉁한 바위들이 바다의 암초처럼 널리 퍼져 있어 육지 여행의 암초 장벽이 되는 것이다. 통과할 수 없는 암석의 능선이란 뜻이 국립공원의 이름에 담겨 있는 것이다.

주차장에서 바로 붙어서 등산로가 연결되고 오른쪽으로는 프레몬트강(Frement)이 흐르는데 이곳은 동네 개울의 크기밖에 되지 않는다. 캐피톨 돔이 보이는 언덕을 오른다. 작은 언덕을 넘어간 후에는 말라 있는 바위 계곡 아래로 다시 살짝 내려간다.

끝 모양이 양파를 닮은 어마어마한 크기의 바위산(Navajo Sandstone Dome)이 위용을 자랑한다. 캐피톨 돔을 가까이에 가서 보지 않았으니, 장담은 어려우나 분명히 처음 보았던 캐피톨 돔의 서너 배는 될 듯하다. 시계 방향으로 가도 되고 힉맨 브리지를 먼저 통과해서 가도 된다는 재미있는 안내판을 만난다.

▶ 타포니 현상으로 구멍이 나 있는 해골 바위들

    그런데 이곳은 우리나라의 산에서 보는 해골 바위들과 많이 닮았다. 진안의 마이산, 완주 기차산, 구미 베틀산 등지에서 볼 수 있는, 타포니 현상이 만든 구멍들이 많아서, 풍경이 멋지다. 브리지를 먼저 통과하는 길로 걸어간다. 떠 있는 높이가 38m, 대략 40m 길이의 굵기도 어마어마한 다리다. 고도 122m의 위치라는데 트레일이 휘어져 있어서 그런지 예상보다 시간이 더 걸린 것 같다. 다리 아래쪽에는 다리에서 떨어진 바위들이 놓여 있어 대체로 울퉁불퉁하다.

▶ 거대한 송이버섯 모양의 해골바위

우리 일행만이 다리에 있으니까 사진 찍기가 편하다. 통과하기 전 다리 앞에서 찍은 다음 통과하여 다리를 액자처럼 만들어 사진을 찍고 왼쪽 옆에 붙어서 다리의 웅장함을 강조하는 사진도 찍었다. 정상석과 함께하는 인증 샷 찍기는 좋아하지 않지만, 경치를 찍는 것은 무척 좋아한다. 같은 대상이어도 위치와 각도에 따라 많이 다른 느낌의 장면을 만들 수 있는 것이 사진 작업이라 좀 별나게 사진을 많이 찍는 편이다. 가끔 해외여행 중 어떤 분들은 사진을 너무 많이 찍는다고 핀잔을 주기도 했다. '훗! 그러거나 말거나, 전 많이 찍어도 당신과 다르게 버리는 게 거의 없거든요. 대상을 보면 3초 안에 구도를 잡는 타입이니 신경 쓰지 마세요.' 말은 안 했지만 속으로 중얼거려 본 경험도 여러 번 있다.

▶ 굵기가 대단했던 힉맨 브리지

▶ 다리를 통과한 후 옆에서 찍어본 힉맨 브리지

같은 트레일을 걸어도 오를 때와 내려갈 때 다른 느낌을 받을 때가 있다. 오를 때에 보지 못했던 길쭉하게 삼각형 모양으로 파인 바위를 찾았다. 한 사람이 들어가서 벽에 붙어 서도 공간이 남을 정도다. 그 옆에는 바로 붙어서 길쭉한 원통으로 파인 부분도 있는데 걸터앉으면 두 발이 땅에서 살짝 떨어질 높이라 더욱 재미있다. 모두 파인 구멍으로 들어가 사진을 찍는다. 왼쪽에 있는 바위산의 해골 구멍도 올라올 때보다 훨씬 크게 보인다. 트레킹 처음 시작할 때 오른쪽에서 봤던 화순의 적벽을 닮은 바위산을 자세히 보니 벽 한가운데 스위스의 마터호른을 새겨놓은 것 같은 모양이 있었다. 그리고 그 벽 위에는 삐죽한 산봉우리가 또 있는 것이다. '올라갈 땐 왜 저걸 못 봤지? 미안해!'라고 중얼거리며 증거 사진을 찍었다.

내려올 때는 올라오는 분들도 만나고 천천히 내려가는 노부부도 만났다. 1시간에서 2시간 정도로 걸리는 그렇게 험하지 않은 이 코스가 정말 부럽다.

▶ 세모로 파인 바위, 뒤에는 하얀 바위 캐피톨

▶ 바위산 절벽에 마터호른 같은 산 모양이 있다.

## 델리키트 아치(Delicate Arch)

　세계에서 가장 다양한 천연 아치(Arch)와 각종 기암괴석을 볼 수 있는 유타주의 아치스 국립공원을 돌아본다. 이 국립공원은 고도가 높은 사막과 같은 지역에 자리 잡고 있는데, 극단적 기온 차이와 물과 바람의 침식 작용으로 여러 사암을 다양한 아치(무려 2,400개가 넘는다고 함)로 깎아놓았다. 아치스 국립공원에서는 바위에 난 구멍이 지름 1m 이상 되어야 공식적으로 목록에 기재하고 지도에 올린다고 한다.

　델리키트 아치(Delicate Arch)는 아치스 국립공원의 상징이다. 그래서 수많은 책과 엽서와 달력의 지면을 차지하고 당연히 유타주의 자동차 번호판에도 그려져 있다. '죽기 전에 꼭 봐야 할 절경' 시리즈에도 항상 등장한다.

▶ 바위산에 길이 없어도 사람들이 지나간 흔적으로 따라간다.

▶ 주황, 회색, 분홍, 설산의 4층 경치가 멋지다.

트레킹 초반부는 아주 쉬운 편이다. 조금만 가면 1906년에 지었다는 Wolfe Ranch의 통나무집이 보인다. 볼품없는 허름한 집으로 보이지만 역사적으로 매우 중요하다. 1800년대 후반 Wolfe와 그의 아들이 이곳에 오두막집(Cabin)을 짓고 살았는데 1906년 그의 딸 가족이 이주해 와서 지금 남아 있는 집으로 새로 짓고 살게 된다. 그 후 몇 년이 지난 1910년, 모두는 고향인 Ohio로 돌아간다. 이 지역 역사로 중요한 곳이어서 정식으로는 'The Wolfe Ranch Historic site'라고 부르고 탐방객들이 들어가거나 접촉하지 못하도록 하고 있다.

시작해서 800m 정도는 산책하듯 편하게 넓은 트레일로 먼지도 나지 않고, 그늘이 없다는 것을 제외하고는 너무 좋다. 살짝 경사가 있는 구릉을 넘어가면 저 멀리 눈앞에 거대한 슬릭 락(Slick Rock, 표면이 반질반질한 바위)이 보인다.

▶ 바위산의 고랑을 따라가는 길이 보인다.

깨알처럼 보이는 사람들이 바위 지대를 걷고 있다. 다가가 보면 이 지대는 우리나라에서 말하는 마당바위가 아니라 대형 운동장 바위라고 해야 할 만큼 규모가 크다. 그리고 정확한 트레일도 없다. 물론 사람들이 많이 밟아서 색깔이 살짝 다른 부분이 표식이 되긴 하지만 그냥 마음대로 걸어도 아무 상관이 없다.

왼쪽으로 크게 돌아서 걸어가면 길이 양쪽으로 갈라진다. 왼쪽으로 직진하면, 전망 포인트가 나오고 목적지로 가려면 오른쪽의 바위 옆으로 난 길을 따라가야 한다. 일행들은 모두 길을 알지만, 멋진 경관을 보기 위해 왼쪽으로 직진해 마당바위 위로 오른다. 걸어올 때는 전혀 안 보였던 경관(평평한 마당바위가 아니라 40도 정도로 솟아오른 바위 지대)을 커튼을 걷고 보는 느낌이다. 등산에서는 특별히 위험한 곳이 아니라면, 탐방 금지 구역이 아니라면, 이렇게 전망 장소(뷰 포인트)를 잘 찾아봐야 한다. 그다음 정확한 길로 다시 가면 되니까 말이다. 정해진 트레일로만 갔더라면 이런 광경은 못 보게 된다. 일행들은 옆으로 나란히 서서 점프 샷도 찍고 일제히 같은 방향으로 손가락을 펴 하늘을 찌르는 동작 등으로 사진을 찍었다.

경사가 조금 급한 부분에는 바위를 계단식으로 깎아 만든 트레일 구간도 있다. 마지막 부분에 접근할 때 윈도우(큰 구멍)가 나왔다. 먼저 온 일행들은 윈도우(통천문) 사이 그늘에 앉아 쉬고 있다. 아치를 보고 내려올 때 올라가 봐야겠다고 생각하고 그냥 통과한다. 성벽처럼 가로막힌 지대를 통과하자 델리키트 아치가 나타났다. 정말 깜짝 놀랐다. '내가 여기에 있을 줄은 상상도 못 했지?'라고 말하는 듯하다. 이 지역을 전체적으로 살펴보면 두 방향은 바위산들에 둘러싸여 있고 아치는 절벽 마지막 부분에 홀로 도도하게, 위태롭게(아치 뒤쪽은 깊은 낭떠러지임) 우뚝 서 있는 것이다. 거기다 아치 앞은 유럽의 광장처럼 넓은 곳이다.

▶ 바위산으로 둘러 싸인 부분과 절벽 끝에 홀로 서 있는 아치

▶ 유럽의 유명 광장에 온 느낌이 드는 델리키트 아치가 있는 넓은 공간. 가운데 물이 빙빙 돌아서 분수처럼 된 곳도 멋지다.

아치는 사진으로 많이 봤기 때문에 잠깐 놀랐지만, 광장 한가운데 물이 빙빙 돌아가는 곳처럼 파인 커다란 분지(폭 70~150m, 깊이 50m 정도로 보임)는 처음 보아서 신기했다. 비가 오면 제법 많은 물이 고일 것 같다. 거의 20m 높이의 아치는 사람이 운동회 때 일부러 세워놓은 개선문처럼 두 기둥이 정확하게 수평으로 서 있다. 하지만 자세히 보니 왼쪽 기둥의 3분의 1 지점이 많이 깎여 있어서 가늘다. 그렇게 오랜 세월을 버티지 못할 것 같다. 뭐! 어쩌겠는가, 자연의 섭리이고 아치스 국립공원에는 유명한 아치들만 해도 다 보지 못할 정도라는데? 아치가 있는 절벽 너머에는 눈 덮인 라살산맥(La Sal Mountains)이 보이고 파란 하늘에 잠긴 붉은 아치가 더 선명하게 보인다.

사람들이 너무 많이 줄을 서서 기다리고 있어서 인증 샷을 포기하고 아치를 내려다보며 쉴 수 있는 곳으로 올라왔다. 오가는 사람들과 아치를 비교해 보면 아치가 엄청나다는 것을 실감하게 된다.

▶ 운동회 때 세우는 개선문 모양의 아치를 측면 높은 곳에서 내려다보며 찍었다.

돌아갈 때는 경사진 바위 절벽에 최대한 가까이 붙어서 올라올 때 들르지 못했던 윈도우(Frame Arch)를 향해 걷는다. 이곳에서 델리키트 아치를 바라보면 프레임 아치가 델리키트 아치의 액자처럼 보이기 때문에 사람들이 그렇게 부른다. 구글맵에는 Twisted Doughnut Arch(꼬인 도넛 아치)로 나온다. 무려 이름이 세 개(윈도우, 프레임 아치, 꼬인 도넛 아치)인 것이다. 프레임 아치를 통과한 후 살짝 뒤쪽에 서서 프레임 아치가 사진 액자 역할을 하도록 하여 떨어져 있는 델리키트 아치를 찍었다.

프레임 아치를 내려와 여유롭게 걷는다. 건너편 골짜기에는 둥글게 깎인 바위 봉우리들이 어깨를 맞대고 있고 그 너머로는 넓은 평야 같은 대지가 끝 모르게 뻗어 있다. 대단한 땅덩어리를 가진 나라, 세계 최강국 미국을 온몸으로 느끼게 된다. 돌아올 때는 계속 하늘을 쳐다봤다.

▶ '프레임 아치'를 액자로 만들고 '델리키트 아치'를 넣어 찍은 사진

▶ 프레임 아치 가운데에 앉아 윈도우와 델리키트 아치를 모두 넣어 찍은 사진

▶ 트레일에서 아주 멀리 보이는 눈 덮인 라살 산맥

▶ 허름하지만 중요한 역사적 자료인 'Wolfe Ranch', 출입을 통제하고 있다.

구름이 너무나 예쁘게 펼쳐져 있다. 구름이 없는 파란 하늘보다는 이렇게 하얀 구름이 수를 놓는 하늘이 훨씬 아름답다. 왕복 4.8km, 약 두 시간 정도의 트레킹이 전혀 힘들지 않았고 지루할 틈이 없었다.

## 더블 아치(Double Arch)

아치스 국립공원의 유명 아치나 윈도우(암석에 나타난 거대한 구멍)만을 본다고 해도 거의 7일에서 10일 정도가 걸릴 것 같다. 오늘은 '더블 오 아치'가 아닌 '더블 아치(Double Arch)'를 볼 예정이다.

주차해야 할 곳은 The Windows라고 불리는 지역인데, North Window, South Window 터렛 아치 등 다른 유명한 곳도 근처에 많다. 이 지역의 유명 장소를 모두 돌아보는 트레일을 Loof Trail이라고 부르고 주차장 이름도 그렇게 부르는데 Loof Trail 주차장은 두 군데나 있다. 위에는 두 윈도우를 보는 데 가까운 주차장이고 우리는 살짝 아래에 있는 주차장을 이용한다. 이곳에서 왕복 1km이기에 더블 아치는 20분 정도로도 끝낼 수 있다.

▶ '더 썸'을 닮은 도깨비방망이가 또 나왔다. 출발 지점에서 이 모든 광경이 보인다.

▶ 더블 아치에 이어진 바위산들도 역시 대단하다.

델리키트 아치나 랜드스케이프 아치만큼 유명하지는 않아도 10분의 1 정도의 거리만 걸어도 멋진 아치를 볼 수 있으니 쉽게 놓칠 수 없는 곳임이 분명하다.

트레일의 시작점에서부터, 이미 더블 아치가 보인다. 햐! 멀리서도 분명하게 보이는데 가까이 가면 크기가 더 어마어마할 것 같아, 벌써 가슴이 뛴다.

그런데 왼쪽으로 너무나 거대한 남근석이 우뚝 서 있다. 무려 30m를 훨씬 넘을 것 같다. 거기다 남근석 왼쪽과 오른쪽에는 더블 아치가 생기는 과정을 알 수 있는 바위산들이 이어져 있다. 바위산의 왼쪽에는 한 개의 윈도우가 있고 오른쪽에도 상당히 깊게 원형으로 파이는 부분이 보인다. '더블 아치'는 이러한 과정이 더 격하게 일어나서 만들어진다. 근처에 가보기도 전에 바위산 자체가 설명을 해주어서 너무 반갑다.

▶ 남근석 왼쪽을 보면 아치가 만들어지는 것을 파악할 수 있다.

▶ 프레즐 빵을 떠올리게 하는 왼쪽의 더블 아치

평탄한 길을 걷다가 마지막 부분에 모래 흙길을 걸어 더블 아치에 도착한다. 두 개의 돌다리가 동물의 갈비뼈처럼 보이기도 하고 리본 모양으로 꼬인 '프레즐'이란 빵을 연상하게도 하는데, 그 크기는 어마어마하다. 아치가 앞쪽과 살짝 뒤쪽으로 쌍으로 붙어 있어서 더블 아치라고 부른다. '인디아나 존스' 3편에서 첫 사건이 일어나는 곳이 이곳에서 촬영되었다고 한다. 앞쪽에 나타나는 아치는 높이가 34m, 길이는 44m이고, 그 뒤쪽에 있는 것은 높이 26m, 길이는 20m이다.

뒤쪽 아치의 구멍 사이로 멋진 흰 구름이 걸쳐 있어 거대한 타원형을 액자로 만들어 좋은 사진을 찍을 수 있었다. 앞쪽 아치 아래에 떨어져 있는 바위들의 크기도 대단하다.

▶ 고소한 프레즐 빵과 전체적인 모양이 닮은 더블 아치

▶ 절벽에 있는 '델리키트 아치'도 굉장했지만, 아래에서 위로 올려다본 '더블 아치'도 대단했다.

▶ '더블 아치' 속, 그늘에 앉아 느긋하게 올라오는 분들을 바라보았다.

▶ 주차장 너머에도 여러 윈도우와 아치들이 있다.

앞쪽 아치 뒤에서 주차장 쪽을 바라보면 도로 너머에 있는 바위들과 거대한 남근석 등이 더 큰 액자 안에 들어온다. 북쪽 윈도우와 남쪽 윈도우에서 찍은 사진들은 검색해 보니 커다란 눈동자 안에 담긴 사람들의 모습이 너무 근사했다. 아쉬운 마음에 도로 너머에 있는 그 바위 무리를 오랫동안 쳐다보다가 캠핑카에 올랐다.

### 파크 애비뉴 오버뷰(Park Avenue Overview)

트레일의 양쪽을 따라 수직으로 서 있는 샌드스톤 절벽을 만끽하는 이 트레일은 뉴욕 파크 애비뉴의 고층 빌딩이 하늘로 솟구쳐 서 있는 모습과 비슷하다고 하여 이름 지어졌다. 파크 애비뉴(Park Avenue)에서 시작하여 코트하우스 타워(Court house Tower)로 이어지는, 얕은 협곡을 가로지르는 트레일인데 편도 1.6km, 살짝 내려가는 내리막길을 30분 정도로 걸을 수 있다. 우리 일행은 왕복하지 않고 반대편에 캠핑카가 대기하고 있어서 무척 편하다.

▶ 시작부터 마천루 빌딩 높이와 같은 암벽들이 양쪽에 줄지어 있는 '파크 애비뉴 오버뷰'

▶ 오른쪽에 여왕 바위 '퀸 네페티티 락'이 보이고, 아래 사진 중앙에는 '도깨비방망이'가 있다.

더블 아치 트레일을 할 때도 너무 편했는데 오늘도 가벼운 트레일을 걸을 수 있어서 마음이 무척 가볍다. 트레일이 양쪽 거대한 성벽 바위 무리 사이로 나 있어 오른쪽과 왼쪽을 번갈아 보며 걷는다. 저 멀리 앞쪽으로는 거대한 '도깨비 망방이'가 '거기서 이쪽으로 여유를 즐기며 천천히 걸어와'라고 말하듯 우뚝 서 있다.

트레일 바위 바닥에는 살짝 파인 곳도 있는데 비가 내려서 고이면 살짝 고인 웅덩이에 좌우의 거대한 성벽이 비쳐서 멋진 사진을 찍을 수 있는 곳이라고 한다. 왼쪽 길을 걷다가 60m 정도의 경사면에 전망대도 보이는데 일행들이 오르지 않아서 그냥 쳐다보기만 하고 지나간다.

오른쪽으로 방향을 조금 깊게 틀어서 가니 도깨비방망이가 더 크게 보이고 왼쪽으로 여왕 바위가 나타난다. 30m는 될 것 같은 여왕의 머리를 가진 바위다. 타이완의 야류에서(바닷가) 본 여왕 바위는 사람 키보다 조금 더 큰 크기인데, 이곳은 고개가 아플 정도로 쳐들고 봐야 하는 높이다. 내 멋대로 이름을 지은 것은 아닐까? 하고 검색했다가 깜짝 놀랐다. 예상이 적중했다. 'Queen Nefetiti Rock'이라고 이름이 나왔다. 이집트 제18 왕조의 아크나톤의 왕비다. 이집트 미술관 등지에 네페르티티 두상 등 그녀에 관한 많은 유적이 있다. 사진을 보니 바위의 머리가 닮아도 너무 흡사하여 다른 이름을 지을 까닭이 전혀 없어 보인다.

▶ 파이프 오르간의 관을 떠올리는 'The Organ', 오른쪽은 'Courthouse Towers'

▶ 왼쪽 위 'The Three gossips' 오른쪽 큰 바위는 'Tower of Babel'

또 여왕 바위를 살짝 지나면 또 하나의 명물 The Three gossips와 Sheep Rock, Tower of Babel이 나온다. 양 바위도 가까이 가면 아주 크게 보여서 화들짝 놀라게 된다. 쓰리 가십은 '세 명의 수다쟁이'라는 뜻인데 멀리 건너편에 있는 Courthouse Towers를 바라보며 어떤 사건에 대해 수다를 떨고 있다고 보는 바위다. 코트하우스 타워는 생김새가 장엄하고 타협을 모르는 모습을 보여준다고 '대법원'이란 이름이 붙었는데 트레일에서 너무 멀리 떨어져서 그런 위엄한 모습으로는 보이지 않는다.

양 바위는 원래 두 개의 아치(옆에 있는 탁자 모양의 바위, 타워 오브 바벨)를 연결하는 기둥이었는데 오래전에 아치가 무너지고 남은 부분이다. 머리 부분이 양 머리와 굉장히 많이 닮았다. 타워 오브 바벨은 성경에서 오만한 인간들이 하나님처럼 되겠다고 하늘에 닿는 탑을 쌓았던 것에서 이름을 따왔다. 'The rise and fall of an Arch'라고 무너지기 전의 아치의 연결 부분을 점선으로 연결한, 사진과 설명이 있는 안내판이 있었는데 무슨 생각으로 그 안내판을 찍지 않았는지 지금도 나 자신이 의아하다. 아마도 일행들에게 뒤처져서 기다리게 해서는 안 된다는 생각이 컸던 것 같다.

The Organ이란 이름이 붙은 사암 Butte는 Courthouse 주차장에서 홀로 떨어져 있는데 성당의 파이프 오르간처럼 주름이 있다고 해서 이름이 지어진 것 같다. 어쨌든 왕복하지도 않고 짧은 시간에 고층 빌딩 사이로 걷는 기분이 드는 Park Avenue Trail도 아치스 국립공원에서 만난 대단한 트레킹이었다.

▶ 'The Three Gossips'와 맨 오른쪽에 있는 '양 바위, Sheep Rock'

▶ 가운데에 있는 '양 바위'는 양옆에 있는 바위들과 함께 아치 모양이었다가 무너져 버렸다.

## 메사 아치(Mesa Arch)

이제는 아치스 국립공원을 떠나 캐니언랜즈 국립공원(Canyon Lands)으로 간다. 세도나, 캐리톨리프 국립공원에 이어 이곳도 처음 알게 된 지역이다. '수 많은 협곡이 있는 곳'이란 의미다. 유타주의 동쪽에 있으며 유타주의 국립공원 중에서 가장 큰 면적을 차지하는 거대한 미지의 세계이다. 콜로라도강과 그린 강이 오랜 세월 깎아 만든 거대한 협곡으로 이루어져 있으며 4개 국립공원들을 혼합해 놓은 '종합선물세트' 같다. 하늘의 섬(Island in the sky) 지역에서 수직 으로 약 400m 아래에 있는 화이트 림(White Rim)까지 4WD 차를 몰고 내려 갈 수 있는 샤퍼 트레일(Shafer Trail)이 있다.

▶ 트레일 입구에서 반대 방향을 바라보니 한 개의 큰 암석으로 이뤄진 봉우리가 있었다.

▶ 거대한 '메사 아치'가 보이고 '캐니언랜즈' 건너편으로 까마득히 먼 곳에 산맥들이 있다.

▶ 햇살을 받아 아치의 아랫부분이 붉게 빛나는 '메사 아치', 아치의 기둥이 대단하다.

　Mesa Arch를 보러 가는 트레일은 왕복 1.1km, 30분이면 끝낼 수 있는 트레일이다. 이 아치 아래로 바로 캐니언랜즈가 확 내려다보이는 것이다. 주차장에서 천천히 10분 정도 걸어가니까 캐니언의 절벽 끝에 매달려 있는 아치의 모습이 나타난다.

　델리키트 아치와 마찬가지로 이 아치도 하필 아슬아슬한 절벽 끝에 아치가 서 있는지 매우 궁금하다. 이곳은 일출 사진을 찍는 곳으로 유명하다. 도로와 주차장에서 가깝고 길도 편안해서 무거운 삼각대와 렌즈를 가지고도 쉽게 올 수 있다. 메사(Mesa)라는 뜻처럼 아치의 위쪽이 평평하기에 올라가고 싶은 마음이 자꾸 생긴다. 하지만 'Keep off Arch(아치에 올라가지 마세요)'라는 표지판이 똑바로 세워져 있다. 수백 미터의 절벽 아래에는 캐니언랜즈의 넓은 황무지 협곡과 바위기둥들이 펼쳐져 있다. 무서워서 절벽 끝에 엎드려서 아래를 내

▶ 아치 앞에 강아지 한 마리가 넋을 잃고 아치 너머의 경치를 바라보고 있다.

려다보는 사람들도 보인다.

태고의 땅이 갈라져서 만들어진 천 길 낭떠러지 아래에는 구불구불한 사행천이 흐르는 모습, 협곡 안에 또 다른 협곡이 있고 그 속에 침식 작용으로 삐죽삐죽 솟아 있는 바위들이 무더기로 모여 있다. 파인 큰 협곡을 전체로 보면 거대한 공룡의 발자국이나 거대한 새의 발자국을 떠올리게 한다. 대부분은 쉽게 접근할 수 없는 지역인데 거친 자연을 달리는 오프로드 마니아(산악자전거, 산악오토바이를 즐기는 사람)에게는 무척 인기가 있을 것 같다.

　해가 뜰 때는 아치의 아랫면이 햇살을 받아 더욱 붉게 빛난다. 눈 덮인 라살 산맥(La sal Mountains)이 왼쪽에 붉은 황야 위로 고개를 내밀고 아득하게 먼 정면으로는 역시 눈으로 덮인 로키산맥도 희미하게 보인다. 아치 오른쪽 끝으로 가서 아치를 옆면으로 보면, 이 아치는 절벽 사이로 붕 떠 있는 모습이 확연하게 보이는데, 언젠가는 절벽 아래로 무너져 내릴 것이라고 예상할 수 있다.

　아치에 정신이 팔려 이리저리 돌아다니며 사진을 찍다가 재미있는 장면을 발견하게 되었다. 가지와 잎이 뒤엉켜 자라서, 마치 솜이불을 뭉쳐 놓은 것 같은 회색의 나무가 한 그루 있는데, 강아지를 많이 닮았다. 그런데 이 강아지, 아치 너머의 광경을 바라보고 넋이 나간 모습이다. 평평한 바위에 어떻게 뿌리를 내리고 있는지, 거기다 모양도 너무나 신기하다.

　돌아오는 길에 자세히 보니까 사막 형태의 메마른 땅에 향나무의 멋진 고사목들이 많았다. 암석 위가 아닌 붉은 흙길이다. 일출도 일몰도 아닌 시간이었지만 최대한 빛이 아치의 아래쪽을 비추도록 연출하여 그래도 제법 괜찮은 Mesa Arch를 닮을 수 있어서 좋았다.

## 그랜드 뷰 포인트 오버룩(Grand View Point Overlook)

웅장한 캐니언랜즈의 풍광을 바로 내려다보는 여러 전망대 중 가장 대표적인 전망대이다. 그 이유는 캐니언랜즈의 가장 남쪽에 있어서 캐니언을 한눈에 내려다볼 수 있기 때문이다. 해발 약 1,850m(뷰 포인트)이다. 이 트레일은 깊고 웅장하고 광활한 협곡뿐만 아니라 지형의 다양성을 절벽의 가장자리 능선을 따라 걸어가며 보는 것이다. 오른쪽으로 1.6km(왕복 3.2km)를 걸으면 오른쪽의 툭 튀어나온 절벽에 가려서 보이지 않는 남서쪽의 캐니언랜즈를 볼 수 있는데 나는 그렇게 하지 않고 양쪽으로 700m, 왕복 1.4km를 갔다가 다시 돌아오기로 계획한다. 그 까닭은 왼쪽에 눈 덮인 라살산맥의 모습이 너무 맘에 들어서이다. 5월 초순인데 아직도 눈이 있다니? 그것도 이 앞에는 벌건 황무지가 펼쳐진 곳인데.

▶ 1,487m 아래에 '캐니언랜즈' 계곡이 있고 또 100m 아래에 공룡 발자국 모양의 계곡이 있다. 산악자전거 등으로 달리는 'White Rim Road'의 길이 분명하게 보인다.

뷰 포인트 계곡 아래는 1,487m 그 한 단계 아래에 또 협곡이 있는데 깊이는 100m 정도이다. 선반처럼 퍼진 대지 안에 공룡 발자국, 거대한 새의 발자국으로 보이는 시커먼 협곡이 내려앉아 있고, 선반의 테두리 지대는 하얗게 빛난다. 위에서 바라보면 하얗게 빛나는 이 길을 'White Rim Road'라고 부르는데 고원 위에서 바닥으로 내려가 이어진 길로서, 총길이는 무려 160km에 달한다. 이 트레일을 사륜구동 자동차나 산악자전거를 이용해 달린다. 그리고 공중에서 보면 하얀 테두리 안에 시커먼 협곡이 섬으로 보여서 이 지역을 '하늘의 섬 지역, Island in the sky'이라 부른다. 그리고 시커먼 협곡 안쪽을 자세히 보면 협곡 안에는 후두(Hoodoo)가 되기 직전 모습의 바위들이 많이 모여 있는 게 보인다.

사실 캐니언랜즈는 다른 국립공원에 비해 선호도가 조금 떨어지는 곳이다.

그 까닭은 아마도 전체적인 인상이 그랜드캐니언과 겹치기 때문일 것이다. 그러나 실제로 와서 보면 그랜드캐니언과는 많이 다른 부분을 볼 수 있다. 공룡의 발자국을 몇천만 배로 확대해 놓은 듯한 기이한 풍경이 마음에 금방 새겨진다.

▶ 공룡 발자국 모양의 계곡 안에 '후두'가 많이 모여 있다. 가장자리에 난 트레일도 보인다.

　　그린강의 물줄기가 콜로라도강과 만나서 콜로라도 고원 지대를 Y자 모양으로 갈라놓았는데 그래서 캐니언랜즈는 세 개의 큰 지역으로 나뉘게 된다. 위쪽 지역이 Island in the sky이고 왼쪽 지역이 더 메이즈(The Maze), 오른쪽 지역이 더 니들즈(The Needles)로 불린다. '하늘의 섬 지역'은 접근이 가능하나 다른 두 지역은 거의 황무지에 가깝다고 보면 된다.

　　눈 덮인 라살산맥을 배경으로 한 사진을 찍고 출발점 근처로 돌아오는데 많은 관광객이 의자에 앉아 국립공원 안내원의 지질 설명을 듣고 있다. 절벽 위에서 안내원과 캐니언랜즈를 번갈아 보며 흥미롭게 듣고 있는 태도가 멋있었다.

▶ 오른쪽 끝까지 왕복하는 트레일의 반만 걸었다.

▶ 왁자지껄 떠드는 여행도 좋지만 가끔은 이렇게 진지하게 뭔가를 배우는 것도 여행이다.

## 브라이스캐니언(Queen's Garden Trail)

목적지인 캠핑장에 도착하여 캠핑카에서 내리려고 하는데, 리더가 이곳은 아직 제법 춥다고 모두에게 고어텍스 점퍼나 후리스 점퍼를 꺼내 입으라고 한다. 차에서 내려 보니 확실히 쌀쌀한데 화장실 옆에는 아직도 눈이 다 녹지 않고 쌓여 있다. 우리가 주차한 캠핑장은 비지터 센터에 가까워서 좋다. 셔틀버스에는 브라이스캐니언의 상징물인 후두가 서 있는 풍경과 100주년을 맞았다는 글자가 붙어 있다.

후두(HooDoo)란 가늘고 긴 촛대 모양의 바위기둥을 말한다. 바다 밑의 토사가 쌓여 형성된 암석이 지각 변동으로 지상으로 솟아 올라온 후, 오랜 세월 동안 비와 얼음에 의한 풍화와 침식 작용으로 부서지면서, 비교적 단단한 암석 부분만 남아서 생긴 첨탑 모양의 바위를 말한다. 강력한 물줄기가 지층을 깎아 만든 것이 캐니언이고 후두는 바위 위에서 아래로 서서히 진행되는 풍화작용으로 만들어진다. 이 지역은 낮에는 영상, 밤에는 영하로 내려가는 날이 연중 200일 이상 지속되는데, 낮에 바위틈을 흘러내리던 물이 밤에 얼어붙는 과정을 반복하면서 바위에 균열이 생기고 결국 약한 부분은 조금씩 떨어져 나가게 된다. 가장 약한 부분에는 '윈도우'라 불리는 구멍이 생기고 침식을 견디고 남은 길쭉한 돌기둥으로 남게 된다. 브라이스캐니언에는 후두가 무려 1만 8천여 개에 이른다고 한다. 사람 키 정도 되는 것에서부터 10층 건물 높이나 되는 다양한 후두가 있는데 재미있는 이름을 가진 유명 후두들도 많다.

▶ '인스피레이션 포인트' 표지판이 있는 풍경, 계곡 속에 많은 후두가 모여 있다.

우리는 먼저 인스피레이션 포인트로 갔다. 약간의 측면에서 암피씨어터 (Amphitheater, 원형극장) 지역을 바라볼 수 있는 전망대인데 후두와 여러 지형이 한눈에 들어온다. 협곡 안에 있는 후두들을 바라보니 중국 진시황의 '병마용갱'의 모습이 떠오른다. 한꺼번에 몰려 있는, 우뚝 솟은 후두들이 병사들이 사열한 모습으로 보이는 것이다. 동유럽의 붉은 고성과 비슷한 후두들의 무리도 있다.

나바호 트레일로 내려가 퀸스 가든 트레일로 올라오는 것(나바호-퀸스 콤비네이션 루프)이 제일 환상적인 코스라고 하는데, '세계 최고의 3마일 하이킹, World's best 3mile Hike'이라고 불린다. 선셋 포인트에서 시작하는 것이 나바호 루프 트레일이고 선라이즈 포인트에서 시작하는 것은 퀸스 가든 트레일이다. 선셋 포인트로 왔는데 아래로 내려가는 길이 막혀 있다. 계곡 아래 눈이 아직 남아 있어서 폐쇄한 모양이다. 최고의 코스를 걷는다는 희망이 깨지고 할 수 없이 다시 선라이즈 포인트로 향한다.

　나바호 루프 트레일 입구에는 최고의 명물 후두인 토르의 망치가 있다. 북유럽 신화에서 천둥과 번개를 다스리는 신, 토르가 사용하는 망치를 닮았다. 가까이에서 볼 수 없는 망치를 찾으려고 여러 번 아래를 보고 사진을 찍었다. 햇빛을 많이 받는 후두들은 밝은 노란색에 가깝고 테두리 절벽과 가까워 그늘진 곳에 있는 후두들은 붉은색을 띤다. 캐니언 절벽의 줄무늬도 예쁘고 절벽 사이로 눈이 아직 남아 있는 곳도 있다.

　나바호 트레일은 후두 빌딩 사이를 헤쳐 나간다고 한다. 뉴욕 맨해튼의 마천루 사이의 길이 연상되는 것이다. 그래서 트레일 안에 '월스트리트'라고 불리는 지역도 있다고 하는데 오늘 길이 막혀서 가보지 못하는 것이다. 계곡 아래에는 녹색 전나무 숲 사이로 눈길이 보인다.

　브라이스캐니언에 오면 누구나가 동심으로 돌아갈 수 있다. 후두의 모양을 닮은 다른 것으로 바꿔보는 놀이가 자연스럽게 시작되기 때문이다. '걸리버의 성', '월스트리트' '타워브리지' 등 사람들이 지어놓은 이름도 많고 횃불, 개구리, ET, 인디언 공주 등을 찾아보는 재미가 쏠쏠하다. 왕관을 쓴 영국 빅토리아 여왕이 동물을 타고 있는 모습을 닮았다는 후두가 입구에 있다고 해서 '퀸스가든' 트레일이라고 이름이 지어졌다.

퀸스가든을 몇백 미터 앞에 두고 엄청난 일이 벌어졌다. 지그재그로 가는 길 앞에 지름길이 있었는데 거기로 내려가다, 길바닥에 앞구르기로 넘어지고 말았다. 셀카봉은 부러지고 손가락에 상처가 나서 피가 흘러내린다. 엉덩이도 조금 욱신거렸으나 무엇보다 부끄러움이 밀려와 어쩔 줄을 몰랐다. 여러 사람이 괜찮은지 걱정해 주었는데 창피함에 고개를 제대로 들 수가 없었다.

▶ 계곡 가운데에 모여있는 후드들은 성의 모습으로 보인다.

▶ 오른쪽 후두들이 있는 곳은 나바호 루프 트레일, 왼쪽 능선이 있는 곳은 퀸스 가든 트레일

휴대폰을 찾아 쥐고 바지에 묻은 흙을 털어내고, 다시 정비한 후에 퀸스가든 입구까지 걸어갔다. 본격적으로 내려가는 길이 지그재그로 꺾여 있는데(100m 깊이를 내려가야 함), 시간 제약으로 모두 물끄러미 내려다보다가 다시 돌아선다. 아휴! 저곳이 진짜 후두들의 진수를 볼 수 있는 곳인데? 다친 부위는 아프고 퀸스가든도 제대로 보지 못하고 돌아서야 하니 마음이 무척 착잡했다. 그래도 입구에 있는 여왕은 분명히 확인한다.

돌아오는 길에 자세히 보니까 뿌리를 드러낸 나무들이 많이 보였다. 비가 내린 후 토사가 쓸려 내려가면서 나무들이 지탱할 곳이 점점 줄어들고 있다. 침식이 빠르게 진행되고 있음을 보여주는 증거들인데 향나무의 일종인 '유타 주니퍼'들이 침식으로 죽어 있는 것도 많다.

신의 섬세한 손길을 느낄 수 있는 화려하고 아기자기한 브라이스캐니언의 맛을 흠뻑 느껴보지는 못했지만(아쉬움) 몸을 다친 특별한 기억이 생긴 곳이라 절대 잊을 수 없는 곳이 될 것 같다.

▶ 왼쪽에 하얗게 빛나고 있는 빅토리아 여왕을 닮은 후두가 보인다. 저곳에서 아래로 또 내려갈 수 있다.

▶ 계곡 안으로 들어오면 작게 보였던 후두가 웅장함으로 다가선다.

## 앤젤스랜딩(Angel's Landing)

유타주 최초의 국립공원인 자이언 국립공원(Zion National Park)으로 간다. 히브리 말로 '예루살렘의 성스러운 언덕, 시온'이란 뜻이다. 위에서 아래로 내려다보는 그랜드캐니언, 브라이스캐니언과 반대로 가파른 절벽 사이에 지그재그로 난 도로를 따라 협곡 깊숙한 곳까지 내려가 바위산을 올려다본다. 트레킹을 하지 않고 차를 몰고 여러 곳을 돌아볼 수 있는 것이(멋진 드라이브) 다른 곳과 큰 차이다. 신의 정원, 자이언은 유타주의 평원을 버진강(Virgin)의 오랜 침식으로 만들어진 지형인데, 핵심 지역을 지나는 시닉 드라이브(Scenic Drive), 폭포의 안쪽을 걷는 에메랄드 풀, 더 내로스 루트(협곡을 따라 올라가는 트레킹), 앤젤스랜딩 등이 유명하다.

이곳도 셔틀버스가 다니는데 각 코스의 정류장을 잘 알아두어야 자신이 선택한 트레킹을 정확하게 할 수 있다. 1번 비지터 센터, 2번 뮤지엄, 3번 캐니언 정션(Junction), 4번 Court of the Patriarchs(아브라함, 이삭, 야곱 바위), 5번 Zion Lodge, 6번 The Grotto, 7번 Weeping Rock, 8번 Big Bend가 있다. 우리는 다양한 트레일의 출발점인 자이언 롯지(승마 코스의 시작점이기도 함)에 내렸다.

계곡을 건너 단계별로 난이도가 오르는 에메랄드 풀(Pool, 폭포 아래에 있는 웅덩이)로 가는 트레일이다. 움푹 팬 암벽 공간을 걷는데 결국 폭포의 안쪽을 걷는 것과 같다. 폭포 물의 양이 적어서 스프레이로 뿌리는 것 같지만 물의 커튼 안쪽을 걷는 기분은 아주 좋다. 우리는 Lower Emerald Pool만 보고 Angels Landing 트레킹으로 연결한다.

▶ 트레일의 출발점 '자이언 롯지'는 승마 체험을 할 수 있는 곳이다.

▶ 길과 폭포 사이에 공간이 있어 폭포 뒤를 걸을 수 있다.

▶ 폭포를 빠져나와 걷다가 되돌아본 Lower Emerald Pool

▶ 강을 따라 걷다가 협곡으로 올라가는 코스

폭포를 보고 산허리를 왼쪽으로 돌아가는데 이제는 계곡의 물을 따라서 올라간다. 파란 하늘에 하얀 구름이 멋지게 걸려 있고 맑은 물이 흐르고 개울 옆에는 나무들도 많이 자라고 있어 지금까지의 다른 어떤 곳보다 아늑하고 깨끗한 풍경이다. 황무지의 느낌이 거의 없다.

작은 다리를 지나서 이제는 산속 계곡으로 들어간다. 양쪽으로 높은 절벽 안에 있어 냉장고 캐니언(Refrigerator Canyon)이라 불린다. 냉장고 캐니언의 안쪽으로 들어가면 올빼미들이 많이 산다고 'Keep Quiet Zone'이란 안내판이 두 군데나 있다. 캐니언으로 쑥 들어가다가 이제는 오른쪽 절벽을 지그재그로 올라야 한다. 'Walter's Wiggle Switch Back'이라 부르는데 일일이 손으로 돌을 쌓아 올려 21개의 스위치 백을 만들어 놓았다.

Scout Lookout Point에 왔다. 웨스트 림 트레일과 분리되어 앤젤스 랜딩 트레일이 시작되는 분기점이다. 근처에는 화장실도 있고 제법 넓은 공간이라 음식을 먹거나 앤젤스 랜딩을 위해 정비하는 곳이다. 물을 먹으면서 바라보는 앤젤스 랜딩은 너무나 높고 올라가는 절벽 길이 까마득해서 도저히 자신이 생기지 않는다.

▶ 1km 정도로 협곡으로 쑥 들어갔다가 지그재그로 걸어 올라야 윗길이 나온다.

▶ '앤젤스 랜딩'으로 연결되는 지그재그로 올라오는 길이 잘 보인다.

에이! 뭐 꼭 정상에 올라야 하나? 한 단계 부근까지만 갔다 오자. 이런 맘으로 사층리 사암(퇴적이 비스듬하게 이루어져 빗금이 있는 사암 바위 절벽)을 오르는데, 좁은 곳이라 오르내리는 사람들이 적절하게 양보하며 걷게 된다. 갈수록 경치는 박진감이 넘치고 조금 전 생각한 것보다는 그렇게 위험함이 느껴지지 않는다.

하늘로 오르는 계단의 느낌이 더욱 느껴지는 곳으로 왔다. 반대편에는 Big Bend와 Weeping Rock도 잘 보인다. 옛날 탐험가 Frederic Fisher는 이곳에서 "Only an Angel could land on it, 천사만이 오를 수 있다."라고 했다. 고목이 중앙에 떡 버티고 있는 중간 지점에서 좀 쉬고 있는데 우리의 여성 일행분들이 지나가신다. 아! 힘을 내서 나도 가보자. 좀 더 가팔라진 바위 위를 철봉을 잡고 오르기도 하고 자연석 계단을 걷기도 하면서 정상으로 간다. "태산이 높다 하되~ (중략) 못 오를 리 없건마는~ (중략)"이 떠오른다.


정상에서는 지금까지 걸어온 절벽이 더 웅장하게 조망이 되고 자이언 롯지 쪽의 풍경과 건너편 바위산 등 모든 조망이 멋지다. 하! '스카우트 룩아웃 포인트'에서는 포기했었는데 이렇게 무사히 올라올 수 있어서 뿌듯한 자부심이 차오른다. 그랜드캐니언 완주와 앤젤스 랜딩 완주는 앞으로 내 등산 이력의 큰 자랑거리로(무용담으로) 쓰일 것 같다.

▶ 까마득한 봉우리를 올라야 목적지에 도달한다. 천사가 되기 위해 조심조심 오른다.

▶ '앤젤스 랜딩'으로 오는 길을 최대한 많이 보여주려고 'Scout Lookout Point'부터 시작하는 구도를 잡 았다.

▶ 정상으로 오르면서 바라본 '자이언 롯지' 방향의 경치

▶ 병풍처럼 넓고 높은 절벽 모양의 산, Big Bend에는 빗물이 흘러내린 자국이 있는 Weeping Rock이 많다.

▶ 정상 건너편에는 붉은 줄이 있는 거대한 Weeping Rock이 있다.

▶ 자이언캐년 비지터센터에서 본 경치

## 5부

# 남아메리카
## (에콰도르, 칠레, 페루, 아르헨티나, 브라질)

# 에콰도르, 코토팍시(Volcan Cotopaxi)

남미 여행 첫 번째 트레킹이다. 여행을 떠나기 이틀 전 우연히 케이블 채널에서 코토팍시(Volcan Cotopaxi) 트레킹('EBS 세계테마여행'이 제공함)을 보아서 기대를 많이 했다. 고산병에 대비해 약도 먹고 준비도 나름 꼼꼼하게 했다. 정상은 5,897m(백두산 높이 두 배를 초과함)이지만 계획은 호세 리바스 대피소(Jose Rivas Reguge, 4,864m)까지의 등산이다.

▶ 국립공원 관리사무소를 지나 코토팍시 등산로 입구로 오르는 버스 밖 풍경

국립공원 관리사무소에서 입산 절차 허가를 받고 직원의 주의 사항을 들은 후 산을 향해 버스로 이동한다. 50번 이상 분출하였고 정상에 설원이 있는 유일한 활화산이란다. 화산 분화구의 지름은 500m 정도다. 사무소에서 7km는 포장이 잘 된 길이고 그 후에는 비포장이지만 고원 분지에 난 길이라 정비가 잘 된 평평한 길이다. 확 트인 경관을 보며 즐거운 마음으로 산을 달린다. 도중에 휴게소 역할도 하는 매점에 들렀다. 뜨거운 코카 차(고산병에 좋다고 함)를 마시고 빵과 쿠키도 먹었다. 포장도로가 끝나고 비포장도로를 달리는데 길의 색이 새까맣다. 3km 정도를 지나자 가파른 길이 시작되었다. 경사가 있지만 넓어서 대형버스도 잘 올라간다.

▶ '고도를 높이자, 자라는 식물들도 풍경도 다르게 나타나고 운무는 점점 더 짙어진다.

어라! 물안개가 점점 짙어진다. 관리사무소를 통과할 때만 해도 그냥 조금 흐린 날씨였는데. 방송에서는 3,000m 고원 분지에 림포오푼고(Laguna Limpiopungo) 호수가 있다고 했는데, 물이 말라서였나, 아니면 다른 방향에 있는지 찾지를 못했다. 매우 가파른 길을 오르니 대피소가 나왔다. 해발 고도가 4,500m다. 주차된 차들이 희미하게 보일 정도로 운무가 짙다.

▶ 갑자기 싸라기가 구슬 아이스크림의 우박으로 변하고 새까맣던 곳이 하얗게 된다.

우의를 꺼내 입고 등산화 끈을 단단히 졸라매고 우산까지 들고 출발한다. 오르다 보면 날씨가 갤 거야. 하지만 날씨는 더욱 나빠졌다. 작은 싸라기가 내린다. 증거를 남기려고 얼른 사진을 찍었다. 이건 작은 시작에 불과했다. 싸라기가 우박으로 변하더니 구슬 아이스크림이 됐다가 맞으면 몸이 아플 정도로 큰 우박이 되었다. 이윽고 새까맣던 등산길은 하얗게 변해 버렸다. 거기다 바람까지 세게 불어 우산도 휘청거린다. 몇 분은 등산을 포기하고 내려간다. 내려가려고 하다가 갑자기 화가 나서 오르기로 마음먹었다. 큰 기대가 무너지면 독한 마음이 생기는 모양이다. 강한 눈보라 때문에 몇십 미터 가다가는 돌아서서 우의에 붙은 모자를 움켜쥐어야만 했다. 겨우겨우 목적지 대피소에 도착했다.

▶ 일행 중 몇 분은 내려가고, 5명은 포기하지 않고 계속 올라간다.

내려올 때는 미끄러질까 더욱 조심해야 했다. 주차장에서 관리사무소까지 내려올 때까지도 코토팍시는 모습을 보여주지 않았다. 몇 개의 마을을 지나고 식당에 도착해서 우의를 벗고 난로의 열기를 쬐고 있을 때 조금씩 코토팍시가 모습을 드러냈다. 점심을 먹으면서도 계속 코토팍시만을 바라보았다. 식사가 다 끝나자, 정상까지는 아니었으나, 윗부분에는 눈이 쌓여 있고 산허리 아래로 는 파란 나무들이 자라고 있는 멋진 모습을 보여주었다.

▶ 트레킹을 끝내고 늦은 점심을 먹은 후에야 코토팍시는 자기 모습을 보여주었다.

# 에콰도르, 킬로토아 호수(Laguna de Quilotoa)

킬로토아 호수는 에콰도르 안데스산맥의 서쪽 끝에 있는 킬로토아 화산에 안겨 있는 칼데라 호수다. 폭이 3km, 깊이는 280m인데 호수 면이 해발 3,500m이고 광물이 호수에 녹아들어 물이 녹색을 띤다. 정상에 있는 마을은 작지만 숙소(호스텔), 식당, 기념품점 등 가게들이 엄청 많다. 그만큼 관광이나 트레킹을 하려고 사람들이 많이 찾는다는 증거이다.

▶ 트레일 입구를 뒤돌아보면 왼쪽에 안내 표지판이 있고 오른쪽으로 전망대가 보인다.

▶ 우의를 꺼내 입고 현지 가이드로부터 주의할 점과 등산 과정을 듣고 있는 일행의 모습

어제, 코토팍시 트레킹에서 쓰린 경험을 해서 오늘도 폭망이 될까? 걱정이 앞선다. 오늘도 물안개가 제법 심하기 때문이다. 트레킹을 시작하려고 하는데 비마저 조금씩 떨어진다. 배낭에서 우의를 꺼내 입고 길을 나선다. 입구 문을 통과하자 전망대로 올라가는 길이 보였지만 어차피 우리는 아래로 내려가면서 호수를 볼 것이기 때문에 올라가지 않고 그대로 진행한다. 현지 가이드가 합류해서 주의할 점을 일러 주었다. 길에 모래가 많고 경사가 심해서 조심해야 하며 식물을 훼손해서는 안 된다는 것이다.

▶ 뉴질랜드의 데카포 호수에서도 보았던 루피너스, 당나귀를 끌고 호수로 내려가는 현지 주민

▶ 흐렸지만 다행히 호수 전체의 모습을 볼 수 있어서 안도의 숨을 삼켰다.

조금씩 내려가니까 호수를 둘러싼 산들의 그리메는 살짝 가려져도 호수 둘레는 분명히 보였다. 길옆에는 에델바이스 종류의 식물과 루핀(루피너스라고도 부름), 이름을 모르는 꽃들이 피어 있어 기분이 상쾌해졌다. 어라! 그런데 당나귀 두 마리가 주인과 함께 내려오고 있다. 이게 무슨 상황이지? 등에 짐을 실은 것도 아니다. 당나귀는 올라올 때 숨이 찬 사람들을 위해 태워주는 역할을 하고 있었다. 내려온 길을 되돌아보니 높이가 까마득한 경사의 산봉우리들이 삐죽삐죽 서 있다. "와! 내가 저런 경사진 곳을 내려왔구나." 갑자기 뿌듯한 마음이 들었다.

호수 면까지 내려오니 대합실 같은 쉼터도 있고 보트를 타는 곳도 있다. 모두 호수를 볼 수 있어서 밝은 목소리로 웃기도 하고 사진을 많이 찍는다. 흰 구름이 두둥실 걸린 햇살 밝은 날에는 최고의 경치 사진을 얻을 수 있는 장소인 것 같다. 나름 그런 사진을 찍을 수 있기를 기대했는데.

올라갈 때는 숨이 차서 여러 번 쉬어야만 했다. 일행 중 한 분은 당나귀를 타고 올라갔단다. 당나귀를 탄 그분도 좋고 애써 위에서 당나귀를 몰고 내려왔는데 손님이 없다면 실망했을 당나귀 주인도 기분이 좋았을 것이다. 내려올 때는 한 시간 정도 걸렸는데 올라갈 때는 두 시간 반 정도 걸렸다. 화창한 경치는 아니었지만, 전체 모습은 볼 수 있어서 안도의 숨을 쉬었다.

# 에콰도르, 카사 델 아르볼(Casa del Arbol)

에콰도르의 바뇨스(Banos) 지역은 다양한 액티비티로 유명한 곳이다. '카사 델 아르볼(스페인어로 나무집이란 뜻)'은 어른들을 동심으로 돌아가게 하는 유쾌한 곳이다. 버스에서 내려 바로 작은 언덕을 오르면 금세 산 위의 작은 공원이 나타난다. 매표소를 통과하면 바로 넓은 잔디밭과 탁 트인 경치를 만나게 된다. 이곳은 '세상 끝 그네'를 타는 것으로 유명하다. 그네 타기 이외에도 작은 연못 위를 외나무다리로 건너기, 집라인 타기도 있다. 하지만 나무집에 달려 있고, 앞에는 가파른 경사면이 있는 세상 끝 그네가 아무래도 최고다(짜릿함이 있고, 멋진 사진을 찍을 수 있음). 자신이 없는 분들은 입구의 큰 기둥에 매달린 그네를 타도 된다.

▶ 높은 기둥에 두 개의 그네가 매달려 있고 뒤에는 활화산 '퉁구라우라'가 길게 뻗어 있다.

▶ '세상 끝 그네'가 달린 '카사 델 아르볼(나무의 집)'이 그대로 공원 이름이 되었다.

▶ 그네 아래로는 아찔한 경사면이 있어 '세상 끝 그네'라고 불린다. 동심으로 돌아가는 시간

▶ '집라인'을 타는 모습. 끝난 후에는 집라인을 끌고 가서 원래의 자리에 놓아두어야 한다.

▶ 작은 못을 건너는 외나무다리, 개복숭아, 수국, 코스모스 등 꽃과 나무가 많은 공원

▶ 수국, 코스모스 등 꽃이 피어 있는 카사 델 아르볼

▶ 가운데 잔디가 보이는 곳, 숲 뒤에 '카사 델 아르볼' 공원이 있다.

그네의 짜릿함을 뒤로하고 집라인을 탄다. 탈 땐 좋았으나 끝난 후에는 줄을 질질 끌고 가서 원래의 위치에 놓아야 한다. 그래야 다음 사람이 탈 수 있기 때문이다. 그네를 탈 때도 흥분해서 목소리가 높았는데 이곳에서도 여지없이 모두 깔깔 웃으며 좋아한다. 대부분 60대 이상의 분들인데 분위기가 너무 좋았다. 공원에는 개복숭아, 수국 등의 여러 나무와 꽃이 있어 굉장히 예뻤다. 그다지 넓지 않은 공간이지만 지겨울 틈이 없었다, 내겐 액티비티보다 '통구라우라 화산'을 배경으로 볼 수 있는 것이 더 감동이었다.

# 페루, 마추픽추(Machu Picchu)

'아구아스칼리엔테'는 마추픽추에 가기 위해 쉬어가는 작은 마을인데. 종착역, 숙박 시설, 음식점, 기념품을 파는 시장, 카페 등 시설들이 꽉 들어찬 곳이다. 높은 산 아래의 기차역 옆에는 거센 물살을 뽐내는 우루밤바강(Urubamba River)이 흐르고, 주택가를 가로지르는 계곡에도 물이 세차게 흐른다. 특히, 판초 시장(일반 시장이지만 90%가 판초를 판매)에는 망토(판초), 라마 인형, 티셔츠, 열쇠고리, 모자 등 다양한 물건들을 구경하고, 흥정을 할 수 있어 재미가 쏠쏠하다. 망코 카팍 광장(Plaza Manco Capac)에서 시작해서 주민들이 사는 주택가로 발을 옮긴다. 길가에 다양한 조각상과 조형물이 있어서 사진을 찍을 수 있고 잉카의 다양한 이야기를 쉽게 알 수 있다. 마을 이름이 온천이란 뜻인데 이 좁은 마을에 온천까지 있다고 하니 작으나 볼거리가 무척 많은 마을이라고 생각된다.

아침 일찍 쿠스코를 떠나 성스러운 계곡 투어를 모두 끝내고 이 마을에 왔지만, 쿠스코에서 바로 온다고 해도 상당한 시간이 걸릴 것 같다. 우리는 우루밤바에서 점심을 먹은 후 버스로 오얀따이땀보역에 온 후 다시 '잉카 레일'을 타고 '아구아스칼리엔테'로(2시간 소요) 왔다.

마을에서 세계 7대 불가사의 중 하나인 마추픽추(2,430m)로 가려면 버스를 타거나 걸어서 입구 매표소에 가야 한다. 버스를 타고 구불구불한 길을 올라간다. 걸어서 가는 분들은 직선으로 가로질러 걸을 수 있으나 경사가 너무 심해서 별로 추천하고 싶지는 않다. 밴드장(인터넷 Band '꽃중년들의 배낭여행' 회장)과 여행사 '여행 퍼즐' 대표에게 모든 일정을 맡기고 있어서 입장료 등에는 신경 쓰지 않았으나 마추픽추의 입장료는 너무 비싸서(10만 원 정도) 분명히 기억한다. 버스를 타고 올라올 때부터 신경 쓰였던 운무가 잘 걷히지 않는다. '망지기의 집(사진 스팟)'에 도착하니 관광객들로 붐빈다. 산을 올라온 사람들이 앞으로 가지 않고 모두 멍하니 앞만 처다보고 있다. 물안개가 걷히기를 바라며 서 있는 것이다. 물 한 모금을 마시고 우두커니 서 있을 수밖에 없다. 20분 정도 기다려도 변화가 없어서 전망대 주위를 걸어보았다. 망지기의 집 왼쪽으로 빼곡하게 맞춰 있는 돌벽이 층층이 싸여 있고 뒤에는 높은 산(마추픽추)이 내려다보고 있다. 여기에 와서 알았다. 마추픽추는 원래, 유적지 뒤에 있는 산 이름인데 유적에도 산 이름이 붙어버렸다는 것을. 그리고 유적지와 함께 사진에 나오는 산은 마추픽추(케추아어로 늙은 봉우리)가 아니라 와이나픽추였다.

▶ 망지기의 집과 계단식 경작지

▶ 메인 게이트와 가운데 봉우리 와이나픽추

▶ 운무에 가려 뾰족한 꼭대기만 보여주는 마추픽추, 그 아래 망지기의 집이 보인다.

다시 20분이 지나도 운무는 걷히지 않아서 망지기의 집(지붕이 있음) 옆으로 난 돌길을 걸어 올라간다. 유적은 보이는데 와이나픽추가 완전한 모습이 아니다. 층층 벽 위에는 모두 계단식 밭인데, 오랜 옛날, 여기서 감자와 옥수수를 재배했을 것이다. 다시 돌아서 내려오다가 알파카 한 마리를 봤다. 사실, 라마와 알파카를 구별 못 하기에 정확하지는 않다. 사진을 찍으려는데 휙! 방향을 바꿔 올라가 버린다.

▶ 채석장과 마추픽추 전체 경치. 잔디가 있는 광장을 거치지 않고 시계 방향으로 돌아서 걷는다.

▶ 신전 지역을 지나 올라온 인티와타나에서 경작지와 계곡을 바라다본 경치

앗싸! 이제 물안개가 조금씩 조금씩 걷혀 간다. 모두 환호성을 지르고 길가의 바위에 올라 사진을 찍는다. 빨간 바탕에 검은 줄이 있는 판초를 꺼내 입고 (아마도 마을 시장에서 구입한 듯) 두 팔을 벌리고 사진을 찍는다. 오래 기다려도 순서가 돌아오지 않아 좀 지루했다. 다음부터는 유적지 순례 순서에 따라 길을 가야 한다.

'메인 게이트(Main Gate)'라 불리는 인티푼쿠(Intipunck)는 엄청 좁은데 방문자의 검색을 위해, 적이 쉽게 들어오지 못하게 하는 역할을 했을 것 같다. 인티푼쿠를 지나면 창고로 썼다는 건물(방)을 지나고 채석장(돌무더기)을 지나 신전 지역에 이른다. 세 개의 창문을 가진 신전(Temple of the three windows), 마을의 제사장급들 즉 지배층 거주 지역 등이 있는데 그다지 크지 않은 작은 공간이다. 신전 지역을 내려와서 다시 높은 계단으로 오르면 인티와타나 (Intiwatana, 천문관측소, 태양을 붙잡는 곳)가 나온다. 바위 위의 기둥이 해시계란다. 바윗돌의 네 변은 정확히 네 방향을 가리킨다. 태양은 동지가 되면 힘이 약해지는데 이때 태양을 붙잡는 의식을 거행했다.

▶ 천문대 역할의 인티와타나, 지붕이 덮인 집이 있는 곳에서 '와이나픽추'로 오를 수 있다.

▶ '잉카의 피라미드'라 불리는 유적지의 신전 지역 모습

인티와타나를 지나 와이나픽추(Wayna Picchu, 케추아어로 젊은 봉우리) 쪽으로 진행한다. 지붕이 덮인 집 두 채는 와이나픽추의 등산로 입구다. 메인 광장에서 지나온 신전 구역을 보면 급격한 경사의 돌계단이 보인다. 사람들은 여기서 멕시코의 잉카 문명을 떠올려 '잉카의 피라미드'라 부른다. 와이나픽추 입구 부근에는 사람이 일부러 산 모양으로 깎아놓은 듯한 바위가 있는데 자연석이란다. 맞은편 능선과 너무 흡사해서 쉽게 믿을 수 없다. 신성한 돌(Ceremonical Rock, 제례용 돌)이라 부르는데 이곳에서 제사를 지내거나 행사를 벌였다.

동쪽 구역에서 가장 중요한 유적인 콘도르 신전을 만난다. 하늘과 제사를 담당하는 신, 아푸 쿤투르를 모시는 신전(Temple of Condor)이다. 거대한 자연석을 콘도르의 날개라고 생각하고 그 앞 땅바닥에는 조각한 머리가 놓여 있다. 옛사람들의 멋진 상상력에 박수를 보낸다. 콘도르의 날개 밑에는 자연스럽게 만들어진 지하 공간도 있다. 마추픽추가 사라진 지 5백 년밖에 되지 않았는데 의문투성이로 남은 것은 기록으로 남아 있지 않기 때문이다. 건축 기술은 발달했는데 인문학(언어)에는 재능이 부족했나 보다.

▶ 자연석을 아래에 두고 그 위에 돌을 얹어 콘도르의 날개 모양을 만든 대단한 상상력

▶ 산 모양으로 깎아놓은 듯한 신성한 바위, 이곳에서 제사를 지내거나 행사를 벌였다.

타원형으로 된 성벽 같은 태양의 신전이다. 지하에 살짝 높이가 다른 계단 모양의 유적이 있다. 왕의 시신을 모셨던 곳이라고도 하고 왕족들의 미라 안치 장소였다고 현지 가이드가 말해 주었다. 귀족의 무덤(Tumba Real)이라 부른단 다. 탐방 끝부분에 와서 조금 지쳤다. 그래서 수리 시설이나 의식용 목욕장, 해 와 달을 비추는 장소 등을 정확하게 보지 못하고 사진도 찍지 못했다.

식량 창고로 사용되었던 '콜까(Qolqas Storage)에는 지붕이 덮여 있다. 이 높 은 고지에 남는 식량이 있었고 그것을 비축했다니. 오기 전에는 그냥 마추픽추 의 멋진 경치를 담겠다는 욕심이 컸는데 돌아보다가 각종 유적과 그에 담긴 이 야기에 빠져 버렸다. 도서관에서 책을 빌려 더 깊게 알고 싶다. 읽는 것만으로 도 즐거울 것 같으니까.

▶ 왼쪽 경사진 곳에 세워진 식량 비축 창고 '콜까' 모습, 구름에 가려진 마추픽추

▶ 우루밤바강, 종 모양의 산, 유적지로 올라오는 지그재그로 된 길

# 칠레, 파타고니아, 라스 토레(Mirador Base de las Torres)

"김 대표, 44일간의 남미 여행인데 어찌 그 유명한 파타고니아를 빼고 일정을 잡았나요?" 라고 물었더니 어이없다는 표정으로 여기가(푸에르토나탈레스) 모두 파타고니아 지역이고 내일 트레킹을 한다고 했다. 살짝 부끄러워서 입을 다물고 계속 검색을 해봤다. 파타고니아는 한 개의 산이 아니고 어마어마한 지역 이름이었다. 남미 대륙의 남위 38°선 이남 지역을 부르는 명칭이다. 정확하게는 칠레의 푸에르토몬트에서 아르헨티나의 콜로라도강을 잇는 이남 지역이다. 토레스 델 파이네(Torres del Paine), 피츠로이(Fitzroy)가 모두 파타고니아에 속하고 한반도 면적의 5배 정도의 크기이다. 마젤란 원정 당시 탐험 대원들이 원주민들의 발과 손이 큰 것을 보고 파타곤(동물의 큰 발바닥)이라고 부른 것에서 이름이 유래되었다. 트레킹도 힘들지만 트레킹 입구까지 가는 여정이 더 힘들었다.

칠레의 수도 산티아고에서 비행기를 타고(5시간) 푼타아레나스에 내린 다음 버스로 3시간 달려서 베이스캠프 마을인 푸에르토나탈레스에 도착한다. 여기서 하루 숙박한 다음 새벽 버스를 타고 다시 국립공원 출입사무소인 '라구나 아마르가(Laguna Amarga)'에 가야 한다. 그다음은 버스로 갈아타고 다시 라스 토레스 산장 근처에 있는 방문자 센터(Visitor Center)까지 가야 등산이 시작된다.

▶ 두 산 사이에 토레 3봉이 살짝 보인다. 마음대로 이름을 지어본 '가시방석 나무', 전체는 푹신하게 생긴 방석 모양이나 잎이 아닌 가시로 뭉쳐 있다.

라스 토레(토레 3봉)를 보는 호수(전망대)까지 왕복하는 코스다. 여정은 '비지터 센터→라스토레스 파타고니아 호텔→칠레아노 산장→토레스 캠핑장→라스 토레스 전망대→비지터 센터'로 왕복 20km, 8시간 정도의 코스였다. 토레스 델 파이네 여러 코스 중 W자의 오른쪽 날개 한 줄을 왕복하는 것이다. 순환 코스(O코스)는 7~8일, W코스는 4~5일이 걸리지만 세계의 등산 마니아들은 이 코스들을 너무나 좋아한다고 한다. 대단한 분들이다.

출발부터 최후의 목적지에 있는 3봉(북봉, 중앙봉, 남봉)이 살짝 보이고 그 앞에도 웅장한 산들이 있어 걷는 것이 즐겁다. 물이 흐르는 계곡을 지나고 산허리를 타고 오르면 자귀나무꽃과 흡사한(색깔은 새빨간 색) 꽃을 가진 나무도 있고 길쭉한 호수도 보이며 출발 지점에서 보이지 않았던 산들도 보여서 더욱 신이 났다.

계곡의 움푹 들어간 곳에 자리 잡은 칠레아노 산장에 도착한다. 샌드위치, 소시지, 맥주, 오므라이스와 비슷한 음식도 팔고 있다. 평소에 많은 사람으로 북적대는 모습을 별로 좋아하지 않는데 오늘은 오히려 힘을 받는다. 특히, 젊은 여성들이 제법 많았다.

20분 정도 쉬다가 다시 출발한다. 숲속으로 들어온 길에는 큰 고목들이 많아서 원시 숲에 들어온 느낌이었다. 하지만 숲을 벗어나자 어마어마한 크기의 모레인(Moraine, 永推石, 빙하에 쓸려서 쌓인 암석, 자갈, 흙덩이)이 나타났다. 경사가 가팔라서 "헉헉"댈 수밖에 없고 지그재그로 올라야 하니 시간이 훨씬 더 걸린다.

▶ 산 아래에 긴 호수가 있다.

▶ 산봉우리를 오른쪽으로 감아 돌면 왼쪽으로 토레 3봉의 방향이 보인다.

드디어 3봉 바로 아래에 있는 작은 호수(전망대)에 도착했다. 3봉에서 차가운 바람이 아래로 세차게 밀려온다. '바람의 대지'라는 별명이 거짓이 아니었다. 높이 차이가 그리 크지 않은 너덜 지대와도 확연히 다른 기후를 보여주었다. 얼른 큰 바위틈에 몸을 숨겼다. 물병을 꺼내고 빵을 와그작 먹으면서도 눈은 계속 호수와 3봉을 바라보았다. 불순물이 거의 없는 순수한 화강암으로 된 봉우리다. '동봉, 서봉'이라 하지 않고 '북봉, 남봉'이라고 표현하는 것도 재미있다. 수직으로 서 있으니 거대한 탑이 연상되는데, 눈이 내려도 아래로 흘러내려 잘 쌓이지 않는다. 그래서 창백한(Paine) 탑(Torre)이라고 부른다.

▶ 칠레아노 산장 앞 계곡에서 왼쪽 토레 3봉을 바라본 풍경, 3봉이 중첩되어 2봉으로 보인다.

▶ 거대한 모레인 지대가 있고 그 너머에 설산들이 웅장함을 자랑한다.

▶ 가운데 토레 3봉이 보인다. '북봉, 중앙봉, 남봉'이라고 부른다.

▶ '토레 전망대'를 오르며 되돌아본 경치가 오히려 '토레 3봉' 경치보다 훨씬 더 좋다.

▶ 암석 지대를 오르면 작은 호수가 나타나고 그 위에 탑처럼 보이는 토레 3봉이 있다.

▶ 완전한 모습의 토레 3봉을 보지 못해서 아쉬움이 많았다.

내려올 때는 오를 때보다 더 조심해야 한다. 화산 쇄설물과 모레인에 발목을 삐기 쉽기 때문이다. 비지터 센터에 도착하니 김 대표가 회원들에게 콜라와 커피를 사주었다. 모처럼 8시간을 걸어서 피곤이 몰려왔지만, 뿌듯한 만족감이 들었다.

# 아르헨티나, 파타고니아, 라구나 토레(Laguna Torre)

세로 토레(Cerro Torre, 3,128m)를 빙하와 함께 볼 수 있는 코스다. 왕복 20km, 6시간 정도가 걸린다. 세로 토레는 피츠로이보다 낮지만(3,405m), 세계에서 가장 어려운 등반을 해야 하는 산이다. 피츠로이와 세로 토레는 모두 로스 글래시아레스 국립공원(Parque Nacional Glaciares)에 속하고 당연히 파타고니아 지역에 들어 있는 곳이다.

▶ 산악인 조형물 뒤에 있는 지그재그로 된 계단, 등산로 입구에서 바라본 엘찰텐 마을 경치

▶ 남미 지역을 등산하다가 자주 만나는 '가시방석 나무(멋대로 이름을 지었음)'와 엘찰텐

▶ 안내판을 따라 등산을 시작한다. 계곡 사이로 강이 S자 모양으로 굽이치며 흐른다.

▶ 2월인데 이곳은 늦가을의 분위기를 연출하고 있다. 왼쪽은 토레 봉우리 방향이나 둥근 산에 가려져 보이지 않고, 오른쪽 봉우리는 '피츠로이'다.

▶ 존재감을 자랑하는 고목, 계곡을 흐르는 강, 점토를 말아서 던져 놓은 듯한 둥그런 절벽

▶ 두 번째 전망대에서 등산 진행 방향의 분지를 내려다보며 간식을 먹었다.

목적지로 가는 등산로 입구는 마을 끝에 있었다. 마을을 가로지르고 어느 산
악인의 조형물 뒤에 있는 지그재그로 난 계단을 올라간다. 안내판에 자세한 설
명이 있어 대략적인 루트를 마음에 쉽게 담을 수 있었다. 왕복 20km, 6~7시간
이 소요될 것 같았다.

능선을 서너 개 넘자 첫 번째 '뷰 포인트(View Point)'가 나왔다. 마르가리타
전망대(Mirador Margarita)이다. 벨라스케스의 유명한 그림 '시녀들'에 나오는
인물 중에 마르가리타 공주가 있는데 우연히 발음상으로는 같은 이름이다. 계
곡을 사이에 두고 S자로 흐르는 강이 멋지다. 계곡 위에 있는 절벽들은 깎아지
른 수직이 아니라, 찰흙을 둘둘 말아 던져 놓은 모양이라 자꾸 쳐다보았다. 2월
이 이곳에서는 늦가을인지 아직도 단풍이 든 잎이 나무에 달려 있다.

그다음 구간도 첫 구간과 크게 다르지 않은 분위기였다. 두 번째 중요한 장소는 미라도르 델 토레(Mirador del Torre, 토레 전망대)이다. 앞에는 내려앉은 분지이고 그 끝에 눈 쌓인 세로 토레가 빛나고 있다. '불타는 고구마'를 실제로 못 봤기에 지금까지의 남미 트레킹 중 최고의 장면이라고 생각했다. 역시 경치는 날씨가 받쳐줘야 한다. 멋진 구름이 걸린 파란 하늘 아래 설산이 빛나고 있는데 어찌 최고의 경치가 아니라 하겠는가. 피츠로이를 제대로 못 본 불만이 확 씻겨 내려갔다. 이곳에서 점심을 먹고 조금 쉰다. 바나나를 먹다가 일어나 사진을 찍고 빵을 먹다가 또 휴대폰을 든다. 봐도 봐도 질리지 않는다. 드디어 남미 여행의 자랑거리가 생긴 것이다.

▶ 화재 후, 말라버린 하얀 나무가 많은 계곡을 통과하여 걸으면 큰물이 흐르는 구간이 있다.

비탈길을 내려가 분지 옆길을 걷다가 분지 안의 나무들이 모두 잎이 하나도 없고 줄기와 가지는 새하얀 모습을 하고 있는 것을 발견했다. 궁금함을 참지 못하고 동행에게 이유를 물어봤더니 예전에 산불이 난 결과라고 했다. 산불의 원인이 자연적 요인이 아니라 어떤 상식 없는 사람의 행동(담뱃불로 예상)이었다고 한다. 하얀 나무들이 꽉 몰려 있고 그 옆에 파란 나무들이 있으니 색다른 아름다움을 보여주지만, 많은 나무가 모두 불탔다고 생각하니 끔찍했다.

분지를 지나서는 더 다양한 등산길이 나왔다. 맑은 물이 흐르는 시내 같은 곳, 그 위를 건너도록 만들어 놓은 작은 나무다리, 마지막에는 돌과 자갈이 쌓인 언덕을 올라갔다.

▶ 토레 호수에 있는 유빙과 얼음 조각, 저 멀리 빙하의 아랫부분이 살짝 보인다.

드디어 토레 호수에 도착했다. 1km 정도 떨어진 곳에 설산, 세로 토레가 있고 그 옆에 있는 빙하도 살짝 보였다. 호수의 물은 투명했으나 시멘트를 탄 것처럼 조금 뿌연 색이었다. 앗! 그런데 호수 가장자리에 얼음이 있다. 얼른 배낭을 던져두고 호수로 내려가 얼음을 들어 올렸다. 처음으로 동행에게 사진을 부탁했다. 호수 앞에는 떠내려온 나무로 만든 커다란 새 둥지 모양이 두 개나 있었다. 멋진 예술 작품이라고 해도 반대할 사람이 없을 것 같다. 대단한 열정과 솜씨가 없이는 만들 수 없는 크고 예쁜 새 둥지였다. 우리 일행들은 각각 둥지 속에 들어가 사진을 찍었다.

몇몇 분들은 이곳에 만족하지 않고 마에스트리 전망대(Mirador Maestri)까지 트레킹을 연장했다. 그곳까지 갔다 올 체력이 아니어서 포기하고 돌아가는 길에 짧은 트레일을 벗어나 반대편으로 500m 정도 더 올라가 보았다. 확실히 호수 앞에서 보는 것보다는 빙하가 더 많이 보였다.

# 아르헨티나, 파타고니아, 라구나 카프리(Laguna Capri)

원래 계획은 짧은 이 코스(카프리 호수까지 왕복 8km, 4시간 정도 소요)가 아니었다. 라구나 로스 트레스(Laguna de Los Tres, 피츠로이를 가장 잘 볼 수 있는 트레스 호수 전망대) 코스(왕복 20km, 8~9시간 소요)였다. 3,405m의 피츠로이는 남미 안데스 파타고니아의 최고봉으로 아웃도어 브랜드 '파타고니아'

의 모델이 된 산(사실은 피츠로이 단 하나의 봉우리가 아니라 산맥)이요, 유네스코가 발표한 세계 5대 미봉에 들어가는 산이다. 이 봉우리의 꼭대기는 자주 구름이 덮인다고 한다. 찬 공기가 산봉우리에 걸리면 결빙 현상이 일어나 구름이 되어 봉우리를 감싸는 것이다. 사실, 출발하면서부터 이 봉우리가 보여야 하는데 구름에 가려져 전혀 나타나지 않는다.

▶ 도착 첫날, 숙소에서 바라본 비츠로이    ▶ 마지막 날 엘찰텐 마을에서 본 피츠로이

　일출이 시작되면 오렌지색, 분홍색으로 물드는 피츠로이는 황홀한 경치를 보여주는데 그 모습이 불타는 고구마의 모습(색깔과 모양 모두)과 닮았다고 하여, '불타는 고구마'라고 부른다. 햇빛을 받아 붉게 물드는 화려한 모습을 보려면 적어도 새벽 4시에는 출발해야 한다. 비행기와 버스를 장시간 타고 약간 느끼한 냄새가 나는 양고기 갈비를 잘 먹지 못해 몸 상태가 좋지 않다. 도저히 새벽에 일어나 머리에 헤드 랜턴을 하고 걸을 자신이 없어서 포기했다.
　아침 9시에 2차로 출발하는 8명이 모였다. 숙소가 있는 마을은 '엘찰텐(El Chalten)'이다. '엘찰텐'은 '연기가 나는 산'이란 뜻인데 이곳 사람들은 피츠로이에 만년설이 날리는 것을 보고 이런 이름으로 불렀다. 그런데 지금은 마을 이름으로 변해 버렸다. 엘찰텐은 파타고니아 트레킹의 베이스캠프가 되는 곳이다. 피츠로이(Pitz Roy), 세로 토레(Cerro Torre) 봉우리를 비롯하여 여러 호수와 빙하들이 있어서 트레킹코스가 넘쳐난다. 그래서 '아르헨티나 파타고니아 트레킹의 수도'라고 불린다.

마을에서 강 쪽으로 조금만 걸으면 등산 입구가 나오고 대형 안내판이 세워져 있다. 살짝 굽어진 경사를 오른쪽으로 꺾으며 올라간다. 첫 번째 구릉에 올라서서 뒤돌아보면 쭉 뻗은 길 양쪽에 자리 잡은 엘찰텐 마을, 눈이 덮인 산들이 눈에 들어온다. 옆으로는 상당히 넓은 폭을 가진 부엘타스강(Rio Vueltas)이 흐르는데 강 옆으로 트레킹을 하는 길이 보인다.

계속 오르막을 1시간 20분 정도 오르다 보니 갈랫길이 나온다. 그리고 새벽에 출발했던 분들이 반갑게 우리를 맞아주었다. '불타는 고구마'를 찍은 사진을 보여주는데 구름 한 점 가려지지 않은 모습이었다. "어! 이 정도면 출발할 때부터 피츠로이가 보여야 하는데 지금 전혀 안 보이잖아요." 물었더니 일출 후 30분 후 무렵부터 구름이 끼더란다. 너무 부러운 마음에 얼른 꼬리를 내렸다.

▶ 등산로 입구를 지나 굽어 올라가는 길, 앞에 보이는 봉우리 허리를 감아 돌아간다.

▶ 부엘타스강이 흐르는 곳에도 등산코스가 많다. 엘찰텐에 최소한 5일간 머물고 싶어진다.

미라도르 전망대(Mirador Fitz Roy)는 내려올 때 가도 되니까 경치가 더 좋은 카프리 호수(Laguna Capri)로 가자고 한다. 새벽 팀과 점심때 보자고 인사를 나누고 헤어졌다. 길쭉하게 보이는 카프리 호수는 넓이보다 길이가 대단했다. 이곳에서 보는 경치도 그만이라는데 날씨가 조금 전보다 더 나빠져서 봉우리들이 잘 보이지 않는다. 바위에 앉아서 날씨가 좋아지기를 기다린다. 실망스럽겠지만 너무 기대하지 말라고 한다. 오후에는 비도 많이 내린다고 한다.

▶ 출발할 때보다 날씨가 더 나빠져서 피츠로이가 잘 보이지 않는다.

▶ 오른쪽에 보이는 피츠로이 봉우리 아래까지 가기로 했는데 날씨 관계로 카프리 호수에서 등산을 끝내게 되었다.

▶ 구름 커튼이 걷히기를 간절히 바랐으나 끝끝내 구름은 걷히지 않았다.

▶ 고목과 아직 남아 있는 늦가을의 단풍, 호수와 설산이 어우러져 만들어 내는 절경

▶ 피츠로이를 못 본 것을 위로해 주는 듯, 되돌아오며 보는 경치는 압권이었다.

　남미 여행을 와서 파타고니아의 멋진 모습을 닮지 못하다니, 새벽에 일어날 수 있었으면 다 해결됐을 터인데. 허약한 몸인데, 관리를 제대로 하지 못한 자신이 부끄러웠다. 기다리면 기다릴수록 구름은 산을 더 덮고 있다. 리더는 여기서 목표 지점까지 더 가봐도 걷힐 가능성이 없으니, 마을로 돌아가자고 한다. 모두 아무 말 없이 자리에서 일어선다. 차마 발걸음이 떨어지지 않았지만, 대세를 따를 수밖에 없었다.

# 아르헨티나, 모레노 빙하(Glacier Perito Moreno)

페리토 모레노 빙하는 폭이 무려 5km이고 높이는 60m, 면적은 250만 제곱미터('부에노스아이레스'보다 조금 더 큼)이다. 빙하의 이름은 19세기 칠레와의 영토 분쟁에서 아르헨티나의 영토를 지키는 데 큰 역할을 하고, 빙하를 발견한 탐험가 '프란시스코 모레노'에서 따왔다. '엘칼라파테'에서 서쪽으로 약 78km 떨어진 곳에 위치한다. 극지방을 제외하고 현존하는 빙하 중 가장 아름다운 모습을 한 모레노는 세계자연유산으로 등록되어 있다. 빙하는 파타고니아 빙원 남부에서 떨어져 나와 아르헨티나 호수를 향해 날마다 전진한다.

숙소에서 버스를 타고 엘칼라파테 버스 터미널로 온 다음 다시 여행사가 제공하는 버스로 갈아탔다. 목적지에 도착하기 전, 빙하가 조금 보이는 곳에서 버스가 한 번 섰다. 약간 흰빛을 띤 파란색(연한 비취색)은 너무나 예뻤다. 기대가 점점 부풀어 오른다.

비지터 센터 앞 정류장에서 내린다. 비지터 센터에 들르지 않고 바로 전망대 트레킹을 시작한다. 두 시간 정도의 시간을 허락받았다. 높낮이가 다르고 빙하와의 거리가 다른 여러 전망대를 거치면서 빙하를 감상하는 가벼운 트레킹이다. 따라서 거리는 길지 않으나 다양한 각도로 빙하를 볼 수 있다.

트레일을 조금만 걸으면 보트 선착장이 나타난다. 아마도 보트를 타고 빙하에 접근했다가 다시 호수로 돌아올 것이다. 직접 빙하 위를 걷고 중간 지점에서 위스키를 마셔보는 트레킹도 있다. 다음에 기회가 되면 집사람과 느긋하게 빙

▶ 푸른 하늘, 푸른 산, 푸른 호수, 온통 Blue 일색인 '엘칼라파테'의 환상적인 경치

▶ 배를 타고 가서 빙하를 가까이에서 볼 수 있는 선착장이 트레킹 입구 근처에 있다.

하를 즐겨봐야겠다고 생각했다.

전망대를 따라 구경하다 보면 붕락(崩落, 빙하 일부가 무너져 호수로 떨어지는 것)을 볼 수 있다고 해서 계속 쳐다봤다. 계속 기회를 잡지 못했는데 끝부분의 전망대에서 다행히 볼 수 있었다. 하지만 소리는 그다지 크지 않았다. 무너져 떠다니는 유빙은 엄청 많았다.

▶ 빙하 가까이에 접근한 관광객을 태운 배, 전망대 끝부분에는 오지의 느낌을 풍긴다.

▶ 제일 높은 전망대에서 아래를 내려다본 모습인데, 전망대의 모습도 빙하와 잘 어울린다.

▶ 오래 보아도 질리지 않는 모레노 빙하, 배경 숲이 달라지니까 분위기도 달라진다.

▶ 왼쪽에 빙하가 무너져 내리는 모습이 보이고 오른쪽에는 많은 유빙이 떠다니고 있다.

비지터 센터는 크지만 깨끗하게 단장되어 있고 건물 벽에는 멋진 경치 사진들이 걸려 있어 볼거리를 제공한다. 과자나 음료수, 각종 기념품을 파는 가게도 상당히 넓고 예뻤다. 이리저리 구경하고 있는데 일행이 자리로 오라는 손짓을 한다. 간단한 점심을 주문하는데 특별한 메뉴가 없어서 거의 다 '치킨 수프(작은 컵라면 크기)'를 시켰다. 별 기대를 하지 않았는데 감자와 당근, 그리고 닭가슴살이 들어간 수프는 맛이 좋았다. 예전에 '돌멩이 수프'라는 그림책을 좋아해서 아이들에게 읽어 준 적이 있는데 이젠 '치킨 수프' 팬이 될 것 같다.

# 아르헨티나, 브라질, 이구아수 폭포(Iguazu Falls)

이구아수는 원주민 과라니어로 '큰물', 포르투갈어와 스페인어로는 '폭포'라는 뜻이다. 남미의 고원 지대를 흐르던 이구아수강과 파라나강이 만나는 지점에서 지형이 갑자기 까마득한 절벽으로 떨어지며 이구아수가 생성되었다. 이구아수는 275개의 폭포를 품고 있는데 최대 낙폭이 82m, 폭이 3km에 달한다. 브라질, 아르헨티나, 파라과이에 걸쳐 있으나 파라과이에는 폭포 전망대가 없다. 포즈 두 이구아수(Foz du Iquacu, 브라질 쪽), 푸에르토 이구아수(Puerto Iquacu, 아르헨티나 쪽)는 폭포 이름이 아니라 거점 도시 이름이었다. 이구아수는 북미의 나이아가라, 아프리카의 빅토리아와 함께 세계 3대 폭포로 꼽히는데 규모로는 다른 두 폭포가 따라올 수 없다. 두 폭포를 합쳐도 수량이 이구아수에 미치지 못한다. 아르헨티나가 80%, 브라질이 20%를 차지한다.

원래 이구아수는 파라과이의 영토였다. 남미가 스페인으로부터 독립한 초기에는 파라과이가 가장 강한 군사력을 지니고 있었는데, 주변국인 우루과이, 브라질, 아르헨티나의 3국 동맹으로 전쟁에서 패하고 이구아수를 빼앗기게 된다. 여행을 오지 않고서는 이런 충격적인 내용을 알 수 없었으리라. 전쟁이 끝났을 때 파라과이 성인 남자의 10%만 살아남게 된다. 이제부터는 남미의 역사에도 관심을 가져볼 것이다.

▶ 보트를 타지 않고 트레킹을 하기로 했다.

▶ Green Trail 표지판, 악마의 목구멍으로 가는 작은 기차역

▶ 'Upper Trail'에서 처음 만난 정글 사이로 보이는 이구아수 폭포의 모습

▶ 비가 내리고 있어서 떨어져 내리는 물의 양이 어마어마하다.

아르헨티나 쪽 이구아수(Las Caratas del Iguazu) 트레킹을 시작한다. 11명
은 보트 투어를 하러 떠나고 5명이 걷기로 했다. 김 대표의 설명을 듣고 출발하
는데 표지판에 'Green Trail'이라 되어 있다. 국립공원 매표소를 바로 통과해서
본 안내판과 김 대표의 설명으로는 'Upper Side Trail, Lower Side Trail'이라 했
는데. 비도 부슬부슬 내리고 다른 길도 보이지 않아서 일행은 그대로 길을 따라
간다. 이거 혹시 폭포를 안 보고 숲만 보는 트레일이어서 그린 트레일이 아닐
까. 일행을 따라가면서도 걱정이 된다. 숲속으로 난 길을 조금 더 걷자, 철길이
나오고 곧이어 기차 정류장도 나타났다. 이런 정글 같은 곳에 기차가 다니다니.
이구아수를 기차를 타고 돌아보았다는 얘기는 들은 적도 본 적도 없었다. 트레
킹이 끝나고 알았는데 관람 코스는 3개였고, 3개의 코스(위, 아래 코스, 악마의

목구멍 코스)를 다 둘러보려면 적어도 7시간이 필요했다. 최고의 코스는 '악마의 목구멍' 코스인데 태풍으로 시설이 무너져서 폐쇄했다고 한다. 배를 타고 폭포 가까이 접근하는 것을 포기한 이유는 예전, 나이아가라에 갔을 때 해본 적이 있어서다.

조금 더 앞으로 나가자 'Upper Trail'이 나왔다. 그리고 드디어 폭포도 보았다. 처음 트레일 이름으로 생긴 걱정이 사라져서 마음이 홀가분해졌다. 하지만 숲에 가려서 기대했던 박력 있는 모습은 아니었다. 아마 악마의 목구멍 사진을 많이 보아서일 것이다. 밀림과 폭포수가 떨어지면서 일으키는 물안개(수증기), 떨어지는 하얀 물과 바닥의 약간 누런 물의 색깔의 어울림은 나름 좋다. 이구(Igu, 물) 아주(Azu, 놀라울 때 쓰는 감탄사)는 '우와! 물이다'로 알면 아주 쉽다. 폭포 안에 있는 섬 '산 마르틴(San Martin Island)'으로 접근하는 보트도 보았다.

루스벨트 대통령의 영부인은 이구아수를 본 후에 "오! 불쌍한 나이아가라여."라고 탄식했다. 그런데 사람의 팔에 피가 흐르는 사진이 일정한 거리를 두고 많이 걸려 있다. 처음엔 몰랐는데 발톱이 긴 코아티에게 할퀴어서 난 상처를 찍은 사진이었고 조심하라는 표시였다. 한번 만났으면 좋았을 텐데 결국 보지 못했다.

▶ 폭포 가운데에 '산 마르틴 섬'이 보이는데 관광객을 태운 배가 저곳까지 접근한다.

▶ 국립공원 안, 뷔페식당 'Fortin'에서 발견한 큰 잎 무화과나무, 그 위에서 놀고 있는 긴 꼬리를 가진 원숭이들

▶ 'Upper Trail' 마지막 부분으로 연결되는 폭포 위의 긴 데크 길

시작할 때 봤던 기차역 '가따라따'로 왔다. 동행했던 한 분이 기차로 공원 입구까지 가자고 했다. 무료로 탈 수 있는, '악마의 목구멍'으로 갈 때 타는 기차인 것을 뒤늦게 알게 되었다. 아무리 여러 경로로 알고 있다고 해도, 현지에 와 보면 모르는 것이 너무나 많고, 새롭게 알게 되는 것이 많아진다.

브라질 이구아수(포즈 두 이구아수, Poz du Iguazu)를 보려면 국립공원에서 제공하는 버스를 타야 한다. 2층은 사방이 뚫려 바람이 통하는 멋진 버스다. 비도 그쳐 상쾌한 날씨고 트레킹 입구까지 걷지 않아도 되는 호사를 누린다. 버스에서 내려 트레일로 들어서려는데 관광객들이 웅성거린다. 어떤 상황인지 보려고 앞을 내다보니 코아티가 있다. 한두 마리가 아닌 8마리가 돌아다닌다. 어제는 한 마리라도 봤으면 하고 그렇게 원했는데도 보이지 않았던 코아티가 시작도 하기 전에 선물을 주었다.

걷는 길도 아주 간단하고 편하다. 그냥 앞에 있는 사람들을 따라가기만 하면 된다. 정비가 잘 된 길이라 위험도 없다. 길을 따라가면 전망대가 나와서 구경하고 사진을 찍으면 된다. 어제와 달리 시야가 트여서 폭포가 분명하게 보인다. 아르헨티나 쪽이 이구아수의 전체적인 모습을 보는 것이라 한다면 브라질 쪽은 좀 더 안쪽으로 들어가 폭포를 가까이 느껴보는 것이다. '악마의 목구멍'을 못 봤으니 단연 브라질 쪽이 더 좋다.

▶ 버스에서 내리니 긴 코 너구리, 코아티 무리가 나타났다.

▶ 좀 더 가까이에서 폭포를 보게 되는 브라질 쪽 이구아수

▶ 영화 '미션'의 촬영지였던 '산 마르틴 섬'에 배가 접근하고 있다. 떨어지는 이층 폭포에 무지개가 생겼다.

▶ '브라질 쪽 이구아수'는 폭포 가운데 부분까지 쑥 들어가서 폭포를 좀 더 가까이에서 느껴볼 수 있다. 바람으로 폭포의 물방울을 뒤집어써도 유쾌하기만 하다.

▶ 폭포가 떨어져 흐르는 계곡으로 가볼 수 있어서 폭포의 박진감을 더 실감 나게 체험할 수 있다.

▶ 눈 바로 아래로 흘러내리는 폭포의 박진감과 폭포 바로 옆에서 위아래로 떨어지는 폭포를 보는 느낌은 '나 이아가라'에서 느껴보지 못한 또 다른 즐거움이었다.

▶ 제일 높은 전망대로 올라와 아래를 내려다본 경치, 왼쪽에 하얀 물보라가 일고 있다.

▶ 폭포 아래를 감아 도는 '관람 데크 길'의 모습에도 감탄을 금하지 못한다.

▶ 제일 높은 전망대에서는 폭포 상류의 모습도 조망할 수 있다.

'포즈 두 이구아수'에서는 보트를 타지 않아도 마지막에 옷이 젖는다. 폭포 중앙까지 쭉 따라가는 데크 길을 걷다가 폭포의 물방울을 맞는 것이다. 트레킹 끝에는 엘리베이터를 타거나 걸어서 올라가는 전망대가 있다. 이곳에서 보면 지금까지 봤던 경치와 달리 폭포의 상류 부분까지 볼 수 있다. 편하고 즐겁게 구경하고 거기에다 멋진 경치를 찍을 수 있어서 모처럼 만에 입꼬리가 올라갔다.

# 브라질, 빵 지 아수카(Pao de Acucar)

리우를 대표하는 두 아이콘이 '코르코바두(곱사등이 언덕 안에 있는 예수)'와 '빵 지 아수카(설탕 빵 산)'이다. 제빵용 설탕 덩어리(Sugar Loaf) 모양으로 생겼다고 이렇게 부른다. 브라질은 남미에서 유일하게 스페인어가 아닌 포르투갈어를 쓴다. 이곳을 점령한 포르투갈 사람들이 설탕을 쌓아놓은 듯한 모양이라고 본 것에서 이런 이름이 나오게 되었다. 우리나라 사람들은 그냥 편하게 '빵 산'이라 부른다. 내 눈에는 럭비공이나 고구마로 보인다.

▶ 매표소 뒤의 암봉에 암벽을 타는 사람이 개미처럼 보인다. 맨 오른쪽 봉우리가 '빵 산'이고 앞에 보이는 곳은 중간 지점 '우르카'이다.

매표소 앞에 많은 관광객이 대기하고 있다. 굉장히 인기가 있는 곳이다. 매표소 건물 뒤에도 우리가 올라갈 '빵 산'과 흡사한 암봉(岩峰)이 있는데 암벽 등반을 하는 사람들이 개미처럼 작게 보인다. 10분 정도 기다렸을까? 직원이 우리들을 불러 따라갔더니 사전 예약을 확인했는지 티켓을 나눠 준다. 케이블카를 4번(상행 2번, 하행 2번) 타기에 다시 돌아올 때까지 티켓을 잘 보관해야 한다.

첫 번째 도착 지점은 우르카(212m)이다. 아래에서 봤을 땐 특별한 공간을 생각지 못했는데 암봉의 테두리를 따라 걸을 수도 있고 매점과 벤치도 있어 놀랐다. 거기다 헬기를 타고 리우를 구경할 수 있는 작은 헬기장도 마련되어 있었다. 여행을 떠나기 전 여러 목표 중에 코르코바두와 이곳에서 멋진 항구도시를 찍는 것이 제일 큰 목표였는데 코르코바두에서 완전히 차단된 운무로 실패로 돌아갔고 이곳에서도 좋은 사진은 찍지 못했다. 수많은 엽서 사진이 대부분 여기에서 찍어 만든 것이다. 완전히 덮인 것은 아니나 경치의 중간 부분은 거의 보이지 않고 예수상은 겨우 볼 수 있었다. 코르코바두에서 찍은 리우와 이곳에서 찍은 리우, 어느 쪽이 더 아름다운가에 대한 논란도 있다. 세계 3대 아름다운 항구(시드니, 리우, 나폴리)를 모두 보게 되었는데, 경치 구조 자체로는 리우가 최고라고 생각한다. 하지만 좋은 사진을 얻지 못했는데 최고라고 칭찬한들 뭐가 생기겠는가?

▶ '헬기 투어'를 하는 이착륙장과 헬리콥터가 있고, 바다에는 많은 요트가 떠 있다.

▶ 나폴리, 시드니, 리우 이 세 곳의 항구를 '세계 3대 미항'이라고 부른다.

▶ 최종 목적지 '빵 산'에 연결된 두 번째 케이블카 연결 케이블이 여러 개 보인다.

▶ 저 멀리 활처럼 굽게 보이는 곳이 유명한 '코파카바나 해수욕장'이고 앞에 작게 보이는 곳은 '보타보고' 해수욕장이다.

▶ '우르카'에서 바라본 리우, 바다에는 하얀 배와 요트가 하늘에는 비행기가 날고 있다.

▶ '우르카' 케이블카 정류장에서 매표소와 오른쪽 리우 시내를 바라본 경치

우르카 암봉을 두 번이나 돌고 나서 '빵 산(396m)'으로 간다. 너무 실망하지 말라는 하늘의 뜻인지, '빵 산'은 구름이 덮혔다가 걷히기를 반복하면서 잠깐씩 완전한 모습을 보여준다. 하지만 우리가 케이블카를 탈 때는 주위가 완전히 구름에 가려서 천국으로 가는 느낌이었다. 죽으면 우리 영혼이 이런 식으로 올라가는 것일까. 갑자기 이상한 분위기에 휩싸인다. 이곳은 일몰, 야경으로도 유명하여 일부러 늦게 올라오는 관광객들도 많다.

# 산으로 간다

초판인쇄 2024년 11월 15일
초판발행 2024년 11월 15일

지은이 임성득
펴낸이 채종준
펴낸곳 한국학술정보(주)
주 소 경기도 파주시 회동길 230(문발동)
전 화 031-908-3181(대표)
팩 스 031-908-3189
홈페이지 http://ebook.kstudy.com
E-mail 출판사업부 publish@kstudy.com
등 록 제일산-115호(2000. 6. 19)

ISBN 979-11-7318-052-1 02690

이담북스는 한국학술정보(주)의 학술/학습도서 출판 브랜드입니다.
이 시대 꼭 필요한 것만 담아 독자와 함께 공유한다는 의미를 나타냈습니다.
다양한 분야 전문가의 지식과 경험을 고스란히 전해 배움의 즐거움을 선물하는 책을 만들고자 합니다.